남들 사는 것처럼 꼭 그렇게 살 필요는 없다. 삐딱한 상태가 편하면 그렇게 살아가면 그만인 것이다. 보는 사람이 불편하다면, 쎄하게 무시해 버리면 된다. 물론 윤리에도 반하고 인성에도 반하고 법과 사람들에게도 반하는, 제멋대로 삐뚤게 마구 사는 것은 곤란하다. 그건 그냥 공존의 자격을 의심받을 뿐이다. 지구에 45억 명이 살고 있다면, 45억 개의 세계가 고스란히 얹혀 있는 것과 같다. 사람은 다 다르다.

진짜로 관심이 ━━━━ 가면 책도 챙겨 ━고 이야기도 ━━━━ 그렇게 파고 파 ━ 그게 직업이 ━━━ 뿐 다위 없다. 멋있게 보이━고, 대화에 끼려고, 최근에 뜬다니까 등등 일부러 혹은 억지로 뭐든 '공부하려고' 오버하지 마라. 어차피 대다수의 사람들은 자기만의 일에 치이고 부대끼며 산다. 그리고 대세는 Generalist가 아니라 Specialist다. 교양? 상식? 척하지 말고 편하게 좀 살자.

'노는 것'과 '아무것도 안 하는 것'은 근본부터 다른 이야기다. 노는 것에는 나름 이유도 있을

것이고, 방식도 있을 것이며, 굳이 찾아보면 나름

생산적인 뭔가가 있을 가능성도 있다. 아니, 그랬

으면 좋겠다. 인류 모두에게 속절없이 똑같이 주어

지는 시간을 그저 '때우고' 무기력하게 '빈둥빈둥'

하는 행위는 자신에게 범하는, 생각보다 큰 죄다.

결국엔 자신의 인생을 파먹는 원인이 될 것이다.

　　겸손이 미덕인 문화다. 점잖음이 아름다움

이고, 나대는 사람은 덮어놓고 웃음거리로 만들기

도 좋아하는, 그렇게 되어야 직성이 풀리는 문화가

엄연한 곳이다. 하지만 잘난 척할 때 아드레날린

도 막 나오고 자신도 모르는 경계도 훌쩍 넘고 그

런 거 아닌가? 자신이 마음에 들 땐, 나 어떠냐고,

정말 괜찮지 않냐고, 진짜 잘나지 않았냐고, 나 따

고 따라오라고 그렇게 외쳐보자. 그래도 된다. 그

리고! 진짜 잘났을 수도 있잖아!

　　모든 중퇴가 포기를 의미하지는 않는다. 또

한 그 포기가 두세 배는 더 높이 날아가려는 중간

과정일 가능성도 크다. 포기 혹은 중퇴라는 말 뒤

에 '결단' 혹은 '단호한 결정력'이라는 긍정 요소가

도사리고 있을지 누가 알겠는가. 남 일을 어찌

잘 알아서 단죄를 하는가? 사람은 누구나 편견
나 관습으로 판단할 수 없는 유니크한 존재다.

　　　다른 사람을 미워하는 것이 괴롭다는 사람
의외로 많다. 우리나라 사람들, 전반적으로 참
하다. 그런데, 많이 어렵겠지만 누군가 미워지면
다고 하고 독설도 해버려라. 그래도 된다. 억지
웃어주고 질질 끌며 받아주다 보면 고치기 힘든
음의 병으로 남을 뿐이다. 그건 참 낫기 어렵다.
지만 미워하는 것이 익숙해지면 그 또한 경계해
할 일이다. 미움은 자가발전 가능성이 높은 바
러스이기 때문이다.

　　　어떻게 모든 사람에게 웃어주고 매너도 좋
천사표로 지낼 수 있단 말인가. 그냥 맘 가는 대
행동하며 살아라. 참고 참고 또 참으면 마음의
만 깊어진다. 체면과 명분을 버리고 마음 가는
로 살아보면 의외로 편한 순간이 자주 찾아온다.
요할 땐 피하지 않고 부딪치는 것이 정신건강에
다. 무한 천사표의 속내는 썩어 문드러지고 있을
능성이 높다. 인생에 한두 번 독종이 되어도 크
나쁠 것 없고, 진짜 가끔은 '말종'으로 불린대도

오케이! 와이낫?

　　B급이라 부르든 '이상하다'는 말을 붙이든
간에, 그런 말들은 본질적으로 곱씹어볼 필요가 있
다. B급, 이상한~ 같은 말을 쓰는 것은, 그 대척점
에 A급이나 정상이 자리하고 있음을 전제로 하기
때문이다. 과연 A급이나 뭐, 그런 게 있기나 한 걸
까? 그냥 상대적 다수가 선택하는 삶의 방식만 있
고, 그걸 편의상 A라고 하는 것은 아닐까? 당신의
생각은 어떤가? 당신이 정말로 이상한 것 같은가?
포인트는 바로 여기에 있다.

　　돈에서 자유로운 '척'하는 사람은 많아도
진짜로 돈으로부터 자유로운 사람은 별로 없다. 대
부분의 지구인에게 돈은 너무나 중요하다. 돈 때문
에 인생의 희로애락이 결정되는 일도 솔직히 다반
사 아닌가. 청년들에겐 더욱더 돈이 중요하다. 왜
냐구? 살아갈 시간이 많으니 당연히 돈도 더 필요
하지 않겠는가. 돈이 인생의 전부는 아니지만, 대
부분일 가능성은 의외로 아주 높다. 돈의 노예가
되면 절대로 안 될 일이지만, 너무 없으면 결국 비
참하게 노예로 전락할 가능성도 다분해진다.

인생 독썰

인생독썰

초판 1쇄 발행   2019년 3월 14일
지은이 유현재   펴낸이 김영범

펴낸곳 (주)북새통·토트출판사
주소 서울특별시 마포구 방울내로7길 45 (우)03955
대표전화 02-338-0117
팩스 02-338-7160
출판등록 2009년 3월 19일 제 315-2009-000018호
이메일 thothbook@naver.com

인생 독썰

유현재 서강대 교수 지음

휩쓸리지 않고

나답게 살고 싶은

당신을 위한

WHY NOT SPIRIT

와이낫 스피릿

토트

"Why Not?"

"Why Not?"

"Why Not?"

"Why Not?"

"Why Not?"

"Why Not?"

"Why Not?"

"WHY NOT?"

　나는 이래저래 매우 큰 행운을 경험하며 살아왔다. 인생의 갈림길에서 중요한 결정 혹은 난감한 고민에 휩싸였을 때마다 거의 예외 없이 "Why Not?"이라고 말해주는 누군가가 있었기 때문이다. 그는 지도 교수이기도 했고, 회사 생활 내내 욕만 바가지로 퍼붓던 선배이기도 했다. 스무 살 이후 거의 안 듣던 어머니의 잔소리 한마디가 결정적이었던 적도 있고, 내가 가르치던 학생 중 하나가 독하지만 들어내야 하는 말을 툭 던진 경우도 있었다. 다시 돌이켜봐도 나는 참 그 사람들 덕분에 행운아였다고 믿는다.

　언뜻 듣기에 거북한 경우가 대부분이었고, 자리를 뛰쳐나오고 싶은 상황도 꽤 많았지만 그들은 나를 조금씩, 결정적으로 변화시켰고, 나 또한 그들이 던진 '와이낫'을 외치며 수많은 난관을 과감하게 깨부수며 이제까지 버텨왔다.

나는 학생들을 가르친다. 그게 나의 직업이며 앞으로도 그럴 것이다. 나에겐 언젠가는 전공 분야의 교과서 말고 나만의 인생 교과서를 써서 나보다 어린 후배에게, 동생에게, 제자들에게 나의 이야기를 들려주고 싶다는 꿈이 있었다. 전공 분야 책은 몇 권 만들어 세상으로 내보냈지만, 이번 책은 이전 작업들에 들인 노력과 마음에 비해 수 곱절의 노력과 정성이 투입된 것 같아 먼저 내보낸 책들에게 미안한 마음이 들 정도다.

이 책을 세상에 내놓으며 설렘이 크지만, 걱정도 한 보따리다. 모쪼록 이 책이 당신이 지금 서 있는 곳에서 잠시 멈춰 이런저런 생각에 잠길 시간을 허락했으면 하는 바람이다.

내가 전하는 '와이낫 스피릿(Why Not Spirit ; WS)'은 무조건 대놓고 저항하라거나, 덮어놓고 반대하라거나, 방황해도 괜찮다는 등의 번지르르한 빈말이 결코 아니다. 차라리 '현실'이라는 이름으로 포장하여 다그치는 '형의 독설'에 가깝지 않을까 싶다. 간지러운 말은 나부터도 질색팔색이니, 그런 소프트 터치는 처음부터 기대하지 않는 게 나을 것이다.

이 책은 다양한 상황에서 나와 맞닥뜨렸던 후배와 제자들이 내게 던진 질문들에 대한 대답이다. 아마도 반절 정도는 내가 몸담고 있는 학교에서 만난 제자들에게 나눠주고 싶던 내 나름의 인생답들이겠고, 나머지는 나 혼자 자가발전하며 깨우친 문답들에서 포인트를 잡았다. 고금을 떠나 언제나 옳거나, 옳아 보이는 가르침이야 될 수 없겠으나, 당연하다고 믿어지고 있는 세상의 현란한 원칙들이 당신의 인생에 어떤 의미가 있는지 짧지만 신박하게 생각해 볼 계기를 만드는 책이 되기를 손 모아 바란다.

당신의 삶 여기저기에
아주 다양한 행운이 있기를!

2019년 2월
유현재 올림

CONTENTS

"Why Not?"
"Why Not?"
"Why Not?"

B급이 세상을 바꾼다고?!

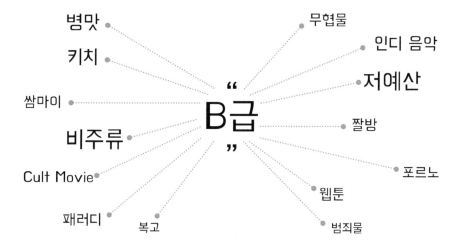

B급

사회의 기득권에 대한 풍자를 지니고 있지만
진지함보다는 가벼움, 메시지보다는 재미, 주류보다는 비주류
헤게모니에서 비롯된 경쟁의식을 지닌 저항문화와 구별

B급 문화·장르를 규정짓는 명확한 정의는 없지만
주류에서 벗어나 대중에게 지지를 받는 문화 콘텐츠를 통칭

(조진호 2013, 명순영 2012)

1930년대 할리우드는 대공황과 유럽권 영화에 고군분투.
할리우드 영화시스템 정착을 위해 동시상영 영화관 도입 후
끼워팔기를 통해 A급 영화와 'B급 영화(B-Movie)' 등장

1948년 반독점 소송에 따라 끼워팔기 관행은 사라지나,
저비용 대비 대중적 호응을 이끌어낸 B급 영화는
점차 창작정신과 작가주의를 내포한 일종의 미학 양식으로 발전

(차지수 2018, 조진호 2013, 명순영 2012)

영화에서 일상으로

일찍이 독자 스타일로 발전시킨 영화계에선

B급 SF · 호러 영화의 황제, 로저 코먼이 활약

스탠리 큐브릭을 비롯한 여러 감독에 의해 각색된

스릴러, 호러, 추리물의 원작 소설가, 스티븐 킹 마니아에 의해

'심야 영화&음주'를 탄생시킨 컬트무비

록키 호러 픽쳐 쇼

B급은 다양한 가치를 아우르며 발전을 거듭

경계의 탈피, 그리고 취향의 반격

소셜미디어 및 1인 미디어 플랫폼의 활성화에 맞물려
엄숙함과 격식이 아닌 소탈함과 파격을 중시하며,
산발적인 취향 공동체의 기본 과목으로 떠오른 B급

B급은 끈기/오기/객기다!

B급은 무서운 기본기다!

사실, B급은 A급 다음이다!

B급은 "Why Not?"이다!

B급으로 살아라
알고 보면
B는 바로 A 다음이니

도대체, 누가 누구를 A라 평가하고 남겨진 누구를 또 B라 폄하하며 무시할 권리를 가졌는가. 당신이 하는 일에 세상이 자꾸 B라 이름 붙이면, 그들이 당신을 질투하고 있다고 생각하면 대충 맞다. 그럴 가능성이 다분하다. 많은 B급들이 세상을 흔들었고 바꾸었으며, 그 증거는 차고 넘친다. 그리고 결정적으로, 사실상 B는 A 바로 다음이기도 하다. 당신의 B급스러움에 경의를!

대체로 B급을 폄하하는 경우가 많다. 그건 현실이다. 당신이 완성해 놓은 무언가에 B급 혹은 C급 등으로 이름을 붙인다는 것은, 어쨌든 우리 사회 다수의 사람들에게 존중받고 훌륭하다고 소문날만한 그런 것을 만들었다는 의미는 아닐 가능성이 높다. 딱히 뭔지는 모르겠지만 약간 이상해 보이기도 하고, 전통적인 평가 기준이나 원칙을 근거로 칭찬하기에는 좀 망설여지는데, 그렇다고 너무 형편없는 완성도라서 보자마자 욕부터 나오는 그런 상황도 아닌, 뭐 대충 이런 비스무레한 경우 사람들은 쉽게 'B급' 혹은 'B급 감성'이라고 레이블링(Labeling)한다.

시대에 따라, 문화에 따라 구체적인 이름은 약간씩 달라졌겠지만, 대체로 독특한 일탈에 수렴한다고 판단될수록 사람들은 B급에 가깝다고 생각했던 것 같다. 하지만 최근, 개인적인 생각이기는 하지만, 당신이 만약 여기저기서 B급으로 레이블링되는 상황이 자꾸 연출된다면 그건 아마도 상당히 좋은 징조가 아닐까, 감히 찬사를 전하고 싶다.

물론 학교에 있는 선생의 입장으로 '상당히 현실적으로' 이야기하자면 일부 직업을 꿈꾸는 사람들에겐 독이 될 수도 있다. 예를 들어 당신이 공무원을 꿈꾸는 공시족이라든가, 종교인이 되기 위해 노력하고 있는 상황이라면 다소 껄끄러운 포지션이 될 수도 있겠다. 물론 B급 감성을 가지고 있다고 해서 이런 직업들의 수행에 문제가 될 가능성에 대하여 확언할 수도 없고 일반화할 수도 없겠으나, 다수의 사람들이 해당 직업에 대해 기대하는 바가 B급과 일치할 가능성은 여타 분야에 비해 상대적으로 낮아 보이기에 그렇다는 말이다.

내가 처음 하는 말은 아니지만, 곱씹어볼수록 멋진 말이 있어서 소개한다. "B급은 사실 A급 바로 다음"이라는 도발이다. A급이 대부분의 사회 구성원이 다수결의 원리와 철학에 의해 가장 좋다고 생각하며 당연하게 여기는 그 무엇이라면, 그리도 좋은 것 바로 다음, 거의 근사치로 좋은 무엇이 바로 B급이라는 해석이다. 거기에 내가 덧붙이고 싶은 해석은, 실상 B로 시작하는 일부 영단어가 B급의 실체와 일정 부분 맞닿아 있다는 것이다. Better도 있고, Beautiful에 Brilliant, Bright 등등도 있다는 유치한 억지 해석이다. 하지만 B급은 흔한 해석이나 정의처럼, 이른바 '주류'에 섞이지 못하고 열등하며 뭔가 이상한 느낌만 주는 소수가 즐기는 변태 같은(?) 무엇이 절대로 아니고, 카테고리 자체가 다른 그 이상일 수 있다는 말이다.

차원이 다른, 혹은 차원 자체를 새롭게 만들어 낼 가능성이 있는, **특A급으로 만개할 가능성이 바로 B급이다.** 당신 스스로, 혹은 가까운 주변에 B급으로 불리는 사람이 있는가? 그가 당신이라면 직진, 그가 지인이라면 그와 친해 놓기 바란다. 분명 A급과 A급 추종자들은 절대 모르는 남다른 재미를 맛보게 될 것이다.

자신의 문법으로 세계를 움직인
스티브 잡스

스티브 잡스는 일찍이 '단순함'이라는 개념에 집착했으며 인도를 무작정 여행하며 자신의 철학을 내면화하고 자유롭게 살고자 했던 것으로 전해진다. 노숙을 한 경험도 많았다고 하는데, 집에도 가구나 장식품을 거의 두지 않고 마치 무소유를 실천하는 사람처럼 살았다고 한다. 잡스의 정신세계에 상당한 지분이었던 '히피 스피릿' 즉 자유와 단순함은 애플 컴퓨터를 비롯하여 다수의 디바이스가 취한 디자인에 직간접적으로 반영되었다. 경쟁 컴퓨터 메이커들이 그렇게도 숨기고자 했던 전선이나 기판, 회로 등을 과감하게 끌어안아 '시스루' 디자인을 선보이기도 했고, "Think Different"라는 문법 파괴적 문구를 애플의 슬로건으로 채택하기도 했다. 무작정 주류를 따라가기보다 자기만의 문법을 선택해 세계를 움직인 무서운 B급, 그가 바로 스티브 잡스다.

나이에 맞게 살라고?
나는 내 호흡대로 살겠어!

우리나라의 '나이별 목표 문화'는 정말 해도 너무한다. 나이 몇 살이 될 때마다 반드시 이뤄내야만(?) 하는 숙제를, 법보다 무서운 관습으로 정해 놓은 것이다. 제기랄! 거기서 쫌만 어긋나면 비정상, 탈락, 낙오로 몰아붙인다. 한 심리학자는 이처럼 살벌한 숙제들이 평생 존재하는 문화야말로, '자살률 세계 1위'와 무관하지 않다고 말한다. 전적으로 동감한다. 도대체 숨 쉴 구멍이 없으니 말해 무엇하랴.

10대엔 대학 가기 위해 올인, 20대엔 취업을 목표로 또 올인, 20대 후반 지나면 '노총각 노처녀'가 되지 않기 위해 결혼에 올인, 마흔 넘으면 번듯한 집이 있어야 하니 대출-재테크에 올인, 급기야 50이 넘으면 안 잘려야 하니 상사에 올인, 그 후엔 또, 또 노후를 위해 올인……. 여기서 약간이라도 비켜 서 있으면 주변에서는 이때다 싶어 혀를 끌끌 찬다.

커뮤니케이션 영역에서 동–서양을 다루는 문화 간 연구(Cross-cultural Study)를 진행할 때 빈번하게 적용되는 이론적 체계는, 네덜란드 연구자인 홉스테드(Hofstede)가 제언하여 전파한 '집단주의-개인주의'에 의한 구별이다. 우리나라는 **집단의 가치가 우선되는 상황**이 빈번한 것으로 가정되는 집단주의(collectivism, 集團主義)에 속한다.

집단주의의 주요 속성 중 하나는, 다수가 원칙으로 믿거나 암암리에 그러자고 합의된 사항에 있어서는 잔인할 정도의 준수를 강요하는 상황이 일반적이라는 것이다. "OO살쯤 되면 OOO를 해라! 도대체 뭐 하고 있는 거야?"라는 고정관념에 의한 독설이 대표적 사례다. "OOO를 해라!"라는 발언은 내게, 개인의 삶에 있어 고유한 특수성이나 욕망, 배타적 선호나 가치보다는 그 나이대에 '~해야 한다고 믿어져 온' 숙제를 빨리 끝냄으로써 집단의 안정에 기여하라는! 말로 들린다.

일정한 연령대에 이루어야 하는 과업들은, 대체로 일반적이거나 평균적으로 보면 온전히 틀린 사안은 아닌 경우가 대부분이다. 사안에 따라 '적령기'라는 용어가 존재하고, 결혼도, 공부도, 내 집 마련도 유난히 어울리고 자연스러워 보이는 시기가 있는 것도 사실이다. 하지만 대부분의 사회 구성원이 그런 패턴으로 살아간다 해서, 그것이 '절대불변의 원칙'일 이유는 전혀 없고, 무조건 강요해서도 안 된다. 일률적인 패턴을 따라가는 다수의 사람들이 반대편에 있는 사람들의 개인적 상황과 특수성, 개인의 가치관을 뭉개버릴 수 있으니 말이다. 자신들의 삶이 정통(Genuine)이고, 그렇지 않은 모든 삶을 이단이나 열등한 것으로 치부하는 것은 폭력이다.

세상엔 수십억의 사람이 뒤섞여 살아가고 있다. 문화의 다양성 또한 셀 수 없을 만큼 많다. 이 와중에 도대체 어떤 원칙이 절대적인 일반화의 능력을 갖고 있단 말인가. 명절만 되면 "언제 취직할 거야?" "이젠 나이도 적지 않은데 사람구실 좀 해야지" "결혼을 해야 어른이 되는 거야, 선이라도 봐" "돈을 그렇게 쓰면 되나, 부지런히 모아 집 살 생각을 해야지" 등등의 **관습적 무례를 내뱉는** 사람들, 가족이니까 그런 말이라도 한다는 분들, 이젠 좀 참아주셨으면 좋겠다. 그거, 듣는 사람들은 참 아프고 짜증 나니까 말이다. 나이에 맞게 살라고? 젠장! 내 계획과 호흡에 맞춰 살기도 숨 가쁜 세상이라고!

포기해라 시원하게
미련도 기억도 사치다

무슨 일이든, 선택의 순간은 온다. 남녀관계든 진로 결정이든 청춘의 그 어떤 일이든 말이다. 진지하게 고민해서 결정했다면 1초도 돌아볼 생각은 마라. '포기'하는 능력은 선택지가 많이 남아 있는 당신에게 특히 중요한 역량이다. 결정장애 앓다가 울트라 추해지는 거 순식간이다. 이제라도 포기할 수 있음에 감사하고, 새로운 방향으로 잔인하게 튀어버리자. 당분간은 차가운 피가 돌아야 할 것이다.

내 유학 이야기를 해보자. 서른두 살에 떠났으니, 대학을 졸업하고도 수년이 흘러서 내린 큰 결정이었다. 대학을 졸업하며 광고회사에 바로 들어갔으니, 기억하건데 회사짬이 이미 7년이 되는 시점이었다. 삼성그룹 계열사여서, 솔직히 주변의 부러움도 많이 사는 그런 직장이었다. 건방진 나의 예상이 맞았다면, 아마도 다음해에는 차장 정도의 직급으로 승진도 할 수 있었다. 뭐 그리 특출나지는 않았지만, 일을 못한다는 생각은 없었기 때문이다.

유학의 동기는 명확했지만 단순하기도 했다. 몇 번 얘기했다가 욕먹은 적도 있다. "외국에서 생활해 보고 싶어서"라고 대답했기 때문이다. 더욱 정확하게는 미국에서 살아보고 싶다는 욕구가 강했다. 서른두 살에서 더 늦으면 아예 기회가 없어질 것 같기도 했다.

사실 살면서 손 놓지 않고 취미처럼 계속 했던 것이 영어였다. 일부 친구들에게는 재수 없다는 비난을 듣기도 했지만 "니들도 특별히 빠지는 취미 같은 거 있잖냐. 돈도 들고 시간이나 에너지도 꽤 많이 드는 그런 거……. 나한테는 그게 영어"라고 말했던 것이다. 미드와 할리우드 영화를 밤을 꼴딱 새며 보는 와중에 스트레스가 날아가는, 뭐 그런 거였다.

기본적으로 영어가 불편하지는 않았지만, 대학원 입학을 위해 GRE나 TOEFL 등 점수를 받아야 하는 과목들은 있었다. 유학을 떠나기 2년 전부터 점수 쌓는 노력을 틈틈이 했다. 원서를 냈고, 다행히 조지아 대학(University of Georgia) 매스컴 스쿨, 우리말로는 신문방송학과에서 입학의 기회를 주었고, 나는 마침내 떠날 수 있었다.

나에겐 너무나 쉬운 결정이었지만, 가족과 주변의 친구들, 회사 동료들의 반응과 참견이 인상적이었다. 나이는 32세, 제일기획 꽉 찬 대리, 카피라이터, 두루두루 만나는 이성 친구들, 하지만 여전히 미혼, 스포츠카, 내 이름으로 된 6천만 원 정도의 전세. 이 모든 게 유학을 가는 순간 태평양에서 훅 하고 없어질 것임을 그들은 계속해서 리마인드시켜 주었다. 만나는 사람마다 "다시 생각해봐라, 나중에 후회하지 말고"가 주류였던 것으로 기억한다. 그런 만남이 반복되면서, 나에게는 그다지 커 보이지 않았던 것들이 점점 심각하게 들려오기도 했다. 특별히 팔랑귀는 아니었지만, 어느 하나 틀린 말도 없었기 때문이다.

하지만 어려운 일은 어렵게 푸는 게 아니라는 말이 연거푸 떠올랐고, 나는 그냥 처음 유학을 결심했던 단순한 이유 '미국에서 살아보고 싶다'를 되뇌며 그냥 지르기로 했다.

"콜! 유학가자. 가서 후회해도 그건 그때 가서!"

그렇게 심플하게 나를 태평양으로 밀어냈다. 큰 가방 두 개, 그리고 단순한 마음, 긍정적인 사고, 그냥 그렇게 훅 떠났다. 사람들은 대체로 결과론적으로 이야기한다. 나는 다행스럽게도 석·박사를 5년 안에 모두 마쳤고, 6년 차엔 미국에서 교수도 되었다. 그리고 이제는 다시 돌아와서 사랑하는 내 나라에서 교수로 일하며 살고 있다. 참 잘된 결정이었다고 말하는 사람이 대부분이다. 그때 그렇게도 말리던 사람들을 포함해서 말이다.

하지만 말이다.
겉으로 보이는 것처럼, 그렇게 해피엔딩만 있었을까?
슬프지만, 절대로 그렇지 않다.
물론 무엇을 잃었는지는 나를 포함해서
나와 꽤 가까운 사람들만 알고 있다.

대충만 꼽아도, 나는 내가 그토록 사랑하던 광고라는 업을 더 이상 할 수 없게 되었고, 당연하게도 광고회사에 들어올 때 나의 가장 절실한 꿈이었던 Creative Director, 즉 광고제작 총괄 담당자도 절대 될 수 없었다. 또래 친구들이 대부분 별 탈 없이 만들어낸 행복한 가정도 나에겐 요원했고, 그 사이 너무나 사랑하던 형의 죽음도 맞았다. 공부를 하고 있던 탓에 형의 아픔을 나누지도 못한 채 그렇게 보내야 했다.

한국에 홀로 남겨진 어머니와의 시간도 꿈꿀 수 없었다. 내가 돌아왔을 때 어머니는 이미 거동이 불편한 상태였다. 회사에 다니며 모은 돈도 바닥난 지 오래였다.

지금 생활에 만족하지 않냐고? 솔직히 "네!"라고 1초의 망설임도 없이 대답할 수는 없는 상황이 계속되고 있기도 하다. 하지만 단순하고 남들이 보기에 비정상적이었던 그 결정, 무모하거나 과감하거나 어쩌면 둘 다였던 나의 선택을 나는 존중한다. 아니 그냥 그게 나의 인생이었다 싶다. 다 그렇지 않은가? 인생은 그 자체로 받아들이는 수밖에 다른 도리가 없지 않은가.

얼마 전 인상적으로 본 영화
'어느 가족 이야기' 주인공의 대사가 생각난다.
"인생은 절대로 좋게 흘러가지만은 않아."
영화 속, 아들인 듯 아닌 듯 아이에게 읊조리던 대사였다.
버리고 싶으면 버려라. 왜 안 되는가?
책임은 당신이 지고,
그렇다고 그게 뭐 엄청난 것도 아니다. 지나보면 말이다.
세상에 최선의 선택이란 없다.
선택은 언제나 중립이다. 그냥 결정하는 거다.
그걸로 그만이다.
또 인생은 그렇게 간다.

"인생은 절대로 좋게 흘러가지만은 않아."

조지 버나드 쇼의 묘비명

전무후무한 묘비명이다. 묘비명을 고인 스스로 정하는 경우도 많지 않을뿐더러, 대체로 뉘앙스만 주변 사람에게 흘린 다음 사후 가감이 되어 '아름답게' 작성되는 것이 일반적이지 않을까 싶다. 가족 이야기 혹은 가족 가운데 누군가가 고인의 역할과 업적 등을 감성적인 터치로 적게 되는 것이다. 그런데 미국의 극작가이며 『성녀 조앤』『피그말리온』 등 명작을 저술한 조지 버나드 쇼는 묘비명을 이렇게 남겼다. "우물쭈물하다가, 내 이럴 줄 알았다" 꼭 그런 맥락에서 자신의 묘비명을 쓴 것인지는 모르겠으나, 한 시대를 풍미한 거장에게서 듣는 마지막 교훈이 아닐까. 과감하고 단호하게 살자. 단호박처럼.

좀 삐딱하게 살면 어때?
도대체 뭐가 올바른 건데?

남들 사는 것처럼 꼭 그렇게 살 필요는 없다. 삐딱한 상태가
편하면 그렇게 살아가면 그만인 것이다. 보는 사람이 불편하
다면, 쎄하게 무시해 버리면 된다. 물론 윤리에도 반하고 인
성에도 반하고 법과 사람들에게도 반하는, 제멋대로 삐뚤게
마구 사는 것은 곤란하다. 그건 그냥 공존의 자격을 의심받을
뿐이다. 지구에 45억 명이 살고 있다면, 45억 개의 세계가
고스란히 얹혀 있는 것과 같다. 사람은 다 다르다.

"오늘밤은 삐딱하게 내버려둬, 어차피 난 혼자였지, 아무도 없어, 다 의미 없어, 사탕 발린 위로 따윈 집어쳐, 오늘밤은 삐딱하게~" 지드래곤의 '삐딱하게(Crooked)'라는 노래의 가사다. 내가 알기로는 작사, 작곡, 노래까지 모두 지드래곤이 진행했고, 프로듀서 테디가 참여해 제작을 도왔다고 한다. 나 같은 오십 아재도 충분히 흥얼거릴 수 있을 정도라면, 아마도 한때는 상당한 인기를 움켜쥐었던 곡이 아니었나 싶다.

예전 한 방송에서 이 노래를 엄청 많은 팬들이 다 함께 '떼창'을 하는 모습을 봤는데, 바로 그 뜨거운 장면을 두고 나는 또 "삐딱하게" 이런 생각을 했다. 콘서트 장에서야 정말 미친 듯이 열광하고 떼창을 하며 "삐딱하게 사는거야!"을 외치는 저들도 콘서트가 끝나고 일상으로 돌아가면 웬만하면 "삐딱하게만은" 살지 않으려 필사의 노력을 다하진 않을까 하는 생각이었다. 나를 포함해서 말이다.

"삐딱하다"라는 말의 대척점에는 "올바르다"가 어엿하게 자리 잡고 있는 문화이고, 그놈의 "올바르다"는 태생적인 추상성에도 불구하고 대체로 "좋고 무난하고 문제도 없고 꽤 괜찮은 상태"쯤으로 상당히 오랜 기간 받아들여져 온 것이 우리 사회 아니던가.

하지만 생각해보면 도대체 "올바르다"의 추상성은 이루 말할 수 없지 않은가. 나만 그렇게 삐딱한가? 도대체 뭐가 올바르다는 말인가? 부모님이나 선생님이 시키는 대로 한마디 토도 안 달고 고스란히 받아들이고 행동하면 올바름의 영광을 얻을 수 있는가? 국영수 등 모든 핵심과목에서 1등급이 되고 그 외 활동도 꼼꼼하게 챙겨서 마침내 학종에서 성공할 가능성을 높여놓으면 비로소 올바르다고 말할 수 있는가? 내외로 완벽한 배우자를 만나 가정을 이루고, 알게 모르게 우리 사회에 뿌리 깊게 각인돼 있는 나이별 과업을 착착 채워 가면 올바른 인생인가? 기준은 무엇이고, 그 평가는 누가 하는 거지?

모든 게 상대적인 것은 아닐까? 만약 상대적이라면, 올바르다, 그르다, 삐딱하게, 올곧게 등등의 말잔치를 논하는 것 자체도 우스운 일이 된다. 우리가 일반적으로 믿어 온 대부분의 '그래야 함'이 사실은 객관적 증빙이 없다는 생각을 하면 두려운 일이다. 결국 모든 일에 정답도 없고 그렇다고 오답도 없다는 얘기다. 마치 삐딱함을 각도만 바꿔서 다시 바라보면 바름이 되는 것과 같다고나 할까.

사실 '삐딱함'이 만들어내는 다양한 이점도 간과할 수 없다. 내가 몸담았던 광고계를 예로 들면 더욱 그렇다. 최근 분야를 막론하고 패러다임으로 자리 잡고 있는 **창의성, 독창성 등의 발휘는 말 그대로 '비틀기'에서 나온다.** 주어진 상황을 면밀하게 바라만 보고 언제나 매뉴얼에 적힌 답만 맹신하고 적용한다면 도대체 경쟁력은 어디서 나온단 말인가. 굳이 '**콜럼버스의 달걀**'을 이야기하지 않더라도 현상을 이리저리 비틀어 보고, 뒤집어도 보고, 거리를 두고 생각하기도 하며, 영어로 Outside the box 유형의 사고를 끊임없이 수행하지 않는 한 천편일률적인 매뉴얼 그 이상은 있을 수가 없다.

'삐딱하다'는 물론 별다른 이유 없이 저항하고 비아냥이 몸에 배어 있는 행동 패턴까지 포함한다. 하지만 그 한 꺼풀만 걷어내면, 매우 너무나 포텐셜이 충만한 콘셉트다. **좀 삐딱하게 살아보자.**

가족 같은 회사?
딸 같은 며느리?

정작 결정적인 뭔가가 거슬리면 서로 UFC처럼 싸워대면서, 평소에는 정말이지 '요만큼도' 없는 애정을 애써 포장하려고 참 간절한 노력들 많이 하신다. 마치 실제로 그런 애정이 우리 사이에 있기라도 한 것처럼 말이다. 그런 분위기에서 흔히 사용하는 '아무 말 대잔치'가 바로 '가족 같은 회사' '딸 같은 며느리' '아들 같은 사위' 같은 구토유발(?) 멘트들이다. 아, 따분하고 의미 없다.

회사가 가족 같다고? 회사동료가 언니 누나 형 동생 같다고? 그러면 왜 굳이 '같다'는 말을 쓰는가. 한술 더 떠, 며느리는 딸이고 사위는 아들이라고? 호칭을 그렇게 부른다고 해서, 진짜 그렇게 되는 건가? 요즘 들어 그 흔한 이혼이 벌어지면, 그래도 똑같이 아들이네 딸이네 지낼 수 있나? 니 돈 내 돈이 어디 있냐고? 우리 사이에 그런 게 어딨냐고? **그럼 니 돈도 그냥 내 통장으로 넣으면 안 되나?** 각박하고 천박할지 모르겠지만, 엄연한 현실은 그냥 인정하고, 잘해주고 싶으면 그냥 능력껏 자알~ 해주고 말자. 말만 아름다운 말들 여기저기 빌려와서 "○○ 같은~" 토 좀 달지 말고 말이다.

처음에는 이래저래 놀랍기도 하고, 무엇보다 불편했다. 미국에서 생활하며 부대끼며 만난 서양인(?)들과의 관계에는 낯선 부분이 상당히 많았다. 가장 '정 떨어지면서도' 특이했던 것 중 하나가 바로 **공과 사의 명확한 구별**이었다. 그 사람들이 자주 쓰는 말 가운데, "Hey, this is just business." "Nothing personal… but let me say this." 등이 그 구별을 구현하는 핵심 어구들이었다. 처음엔 그냥 '말'로 들렸지만, 이런 말들이 차츰 '문화'로 받아들여지면서, 미국을 깊게 이해하는 단초가 되기도 했다.

내 나름대로 해석해 보자면, 일종의 '선긋기'는 서양 문화에서 매우 일반적인 사항이었는데, 때로는 그 선긋기가 서로 간 불필요한 (물질적, 정신적, 관계적) **낭비를 효과적으로 예방하는 역할**을 하기도 했다. 예를 들어, 미국에서 결혼에 의해 두 가정이 연을 맺는 경우, 상대쪽 가족에겐 모두 'in law'라는 명칭을 붙이게 된다. 장인어른은 'father in law'가 되고, 장모님이나 시어머니는 'mother in law' 즉 '법률상 엄마'가 되는 원리다. 그 외의 '그쪽' 식구들 모두 뭉뚱그려 'in laws'가 된다. 물론 실제로 만나는 상황에서 '부르는' 방식은 조금 다르다. 대체로 서로의 이름을 부른다. 우리나라에선 상상하기 힘든 일이지만 말이다.

내가 본 바로는, 사위와 장모 혹은 며느리와 시아버지가 아무리 친하다고 해도, 진짜의 아빠, 엄마(시도 때도 없이 볼을 비벼도 또 비빌 수 있는 그런 관계)에게 사용하는 '마미(맘)'나 '대디(댓)'은 쓰지 않았다. 다른 건 다른 것이고, **굳이 관계를 과장하고 포장해서** 딸 혹은 아들이나 '마찬가지'라는 포장으로 "우린 가족이야"라는 **억지를 부리지 않는** 것이다.

아이러니하지만, 영어에는 'in law'라는 현실적 조건을 붙여서 그렇지, 가족임은 이미 인정해 놓았다고 할 수도 있겠다. 문화는 원래 가치를 논해서는 안 되는 것이라고 굳게 믿고 있지만, 어느 쪽이 조금 더 현실을 반영하고, 불필요한 불편함을 예방할 수 있을지 잠시 생각해 보기 바란다.

행복을 선택해라
행복은 습관이다

대학 졸업 후 20년이 지나 친구들이 모였다. 술집만 그대로였고 모든 게 변한 것처럼 보였다. 친구들의 얼굴, 머리숱, 가진 돈, 하는 일, 건강 상태, 가정 상황 등. 그런데 변하지 않은 것이 하나 있었다. 가장 행복해 보이고 10초가 멀다 하고 웃음을 터트리던 친구, 그 녀석은 바로 20여 년 전에도 딱히 이유도 없이 그렇게 웃고 행복해하던 그놈이었다. 물론 머리숱은 부럽지 않았지만, 그의 행복습관만은 사무치게 부러웠다.

그는 대학 시절 친구다. 학교 때부터 옆에 있으면 다소 요란한 녀석이긴 했다. 그 녀석과 나는 솔직히 원하는 대학, 원하는 전공으로 입학한 것은 아니었다. 그것도 굳이 공감대라고, 우리는 '통하는 면'이 있다고 지껄이며 술을 마시고 다녔다.

나는, 지금은 그 이유도 흐릿해졌지만, 재수까지 해가며 육군사관학교에 도전했다가 떨어지고 다시 공부를 해서 대학에 입학한 상태였다. 그러니 전공 또한 신념이 있을 리 없었다. 한편 그 녀석은 당시에 있었던 '2지망' 시스템에 의해 얼떨결에 우리 과로 들어온 케이스였다. 그러니까 정말로 가고 싶었던 '1지망' 학과에서 받아주지 않아 2지망으로 입학했던 것이다. 결국 우리는 대학이든 전공이든 '1지망'이 아닌 상태에서 시작된 스무 살 생활에 적지 않은 염증을 느끼며 이래저래 시간을 때우고 있는 중이었다.

하지만 지금 떠올려도 현실과 상황을 받아들이는 그와 나의 방식은 사뭇 달랐다. 나는 대부분 오만상을 찌푸리고 현실에 만족하지 못하는 마음을 굳이 주변에 드러내 가면서, 가끔 기회가 주어지면 폭음도 하고 노래방에서 제대로 올라가지도 않는 고음 발라드로 분위기를 싸하게 만드는 만행으로 이름 높았다.

하지만 그 친구는 일단 대안이 나오기 전까지는 현 전공인 외국어도 열심히 하겠다며 학원도 다니고 도서관이라는 곳도 자주 들락거렸다. 한 번도 찡그리거나 화내는 모습을 본 기억이 없고, 노래방에서도 나와는 달리 댄스곡을 부르며 분위기를 띄우곤 했다. 그렇게 시간을 흘려 보내던 우리는 각자 군복무를 위해 휴학을 했고, 이후에는 학교에서 만날 기회가 별로 없었다.

그를 다시 만나게 된 것은, 졸업 후 우리가 사회인이 되고 나서였다. 그는 1지망으로 공부하고 싶던 경영학 분야를 취업 후 대학원에서 공부하겠다고 했으며, 전공이었던 일본어를 현란하게 사용하면서 무역회사에 입사해 있었다. 그는 첫 직장에서 약 10여 년을 성실하게 근무한 후 자신의 회사를 차려 독립했다. 욕심도 안 부리고 그렇다고 허투루 일하는 법도 없는 그만의 방식 때문이었는지, 회사를 오픈한 지 10년이 넘은 지금도 그의 표현을 빌리자면 "그저 먹고 사는 데 무리가 없을 만큼" 벌면서 산다고 했다. 우리가 대학 입학 후 처음 만났던 그 술자리, 그리고 수십 년이 지나 마주한 술자리에서도 그는 여전히 싱글벙글 웃으며 행복한 모습으로 살고 있었던 것이다. 어쩌면 나 또한 그의 표현대로 "그저 먹고 사는 데 무리 없을 만큼" 벌기도 하고, 사회적으로 인정받는 직업도 가지고 있었지만, 아주 객관적으로 관찰해도 그가 나보다 열 배는 행복해 보일 것 같았다.

행복도 습관이다. 아니 행복은 습관이다.
다 틀렸다. 행복이야말로 습관이다!
그는 나에게 진짜배기가 무엇인지,
어떻게 해야 행복할지에 대해
강한 울림을 주는 소중한 친구다.
그 때문에 계속해서 행복의 새로운 챕터를 배우고,
그리고 가끔은 그 때문에 행복해지기도 한다.
그는 지병이 있어 6개월에 한 번씩
반드시 종합병원에서 온갖 검사를 받아야 한다.
하지만 병도, 검사도 그의 웃음을 가리지는 못한다.
그는 이미 행복이라는 면역체계를 단단히 갖추고 있으니
웬만해서는 그를 쓰러뜨릴 수 없다.
날마다, 매순간 행복한 사람을 무엇으로 이기겠는가.

무식해라
관심 없는 분야에
척할 필요는 없다

진짜로 관심도 가고 마음이 가면 책도 챙겨 보고 이야기도
하고 그러면 된다. 그렇게 파고 파다 그게 직업이 되면 더할
나위 없다. 멋있게 보이려고, 대화에 끼려고, 최근에 뜬다니
까 등등 일부러 혹은 억지로 뭐든 '공부하려고' 오버하지 마
라. 어차피 대다수의 사람들은 자기만의 일에 치이고 부대끼
며 산다. 그리고 대세는 Generalist가 아니라 Specialist다.
교양? 상식? 척하지 말고 편하게 좀 살자.

스페셜리스트의 시대다. 사회의 균형적 발전 혹은 실질적 발전을 위해서는 **덕후들**이 대접받는 분위기여야 한다고 믿는다. 두루두루 박학다식해 보이지만 실제로는 참견 수준 이상은 불가한 그런 헛똑똑이 제너럴리스트보다는, 좁지만 특정 분야에 깊고 정통한 사람이 판을 치는 시대이기를 바란다는 의미다.

사실 어느 정도 유사한 방향으로 흘러가는 분위기이긴 하다. 나는 직업이 직업인지라, 어딜 가든 질문을 많이 받는 편이다. 수업 중에는 당연히 질문을 많이 받아야 하는 것이겠고, 기자들도 특정 이슈가 있을 때 인터뷰 혹은 뉴스용 멘트를 따기 위해 자주 연락을 취해 온다. 출연 제의도 가끔 받는다. 그런데 대부분의 기자나 미디어 관계자들은 '신방과 교수니까!' 당연히 정치에 대해서도 답할 수 있을 것이고, 최근 저널리즘의 동향, 포털의 특성 등등에 대해서도 이야기를 나눌 수 있겠거니 하는 생각으로 찾아온다. 그런 경우, 내가 **"죄송합니다만 제 분야가 아닙니다"**라고 대답하면 "신방과 교수님 아닌가요?"라고 되묻는다. 스페셜리스트의 시대에 걸맞지 않은 제너럴리스트 차원의 질문이다. 효과적이지 않다. 우리 학과에는 17명의 교수가 있는데, 어찌 그들의 전문 분야가 같을 수 있겠는가? 동일하거나 유사하면 그게 잘못된 것 아닐까?

날개를 다는 시기가 반드시 찾아온다.

'당신이 무엇을 하건 간에' 선택한 전공 혹은 전문 분야에 있어서, 가능한 한 더욱 세밀하고 디테일하게 좁히면서 시간이 갈수록 깊이를 더해가야 한다. 최근 트렌드에 맞춰 다전공제도 좋고 복수전공도 좋지만, 정말로 자신이 원해서 그렇게 하는 것인지, 그러지 않으면 불안한 마음에 이래저래 얹어 놓고 보는 것인지 스스로 냉정하게 판단해 보아야 한다. 융합도 선진적이고 양손잡이도 좋지만, 전통적으로 스페셜리스트에겐, 그게 언제일지는 모르지만 날개를 다는 시기가 반드시 찾아왔다.

그것이 '어떤 분야든' (물론, 다수의 사람들에게 필요하거나 필요할 가능성이 높아 보이는 분야라면 너무 좋겠다) 비교우위가 명확하고 정통한 사람에게는 많은 기회가 주어지는 법이다. 예나 지금이나 예외가 없는 법칙이다. 관심사를 좁히고 특정 분야에 꽉 막힌 사람이 되면 어떤가. 여타 시시콜콜한 것들은 다 그저 '시시콜콜'이라고 폄하하며 관심 딱 끄고 우직하게 당신의 분야를 만들어라. **파고 또 파라. 그게 살 길이다.**

빈둥빈둥 시간 보내지 말고
제대로 한번 놀아봐라

'노는 것'과 '아무것도 안 하는 것'은 근본부터 다른 이야기
다. 노는 것에는 나름 이유도 있을 것이고, 방식도 있을 것이
며, 굳이 찾아보면 나름 생산적인 뭔가가 있을 가능성도 있
다. 아니, 그랬으면 좋겠다. 인류 모두에게 속절없이 똑같이
주어지는 시간을 그저 '때우고' 무기력하게 '빈둥빈둥'하는
행위는 자신에게 범하는, 생각보다 큰 죄다. 결국엔 자신의
인생을 파먹는 원인이 될 것이다.

'알쓸신잡'이라는 TV 프로그램을 매우 애정한다. 시리즈가 거듭되면서 특별히 최애하는 에피소드도 생겼고 약간 덜 보고 싶은 출연자도 생기기는 했지만, 전체적으로 가장 많이 다시보기를 하는 프로그램이다. 그 프로그램에서 내가 가장 신기해하면서 입을 헤 벌리고 웃는 것은 출연자들의 전방위적 지식 수준을 경험할 때다. 물론 모든 출연자가 얘기하는 모든 논리에 물개박수를 치는 것은 아니지만, 언제나 내가 속으로 되뇌는 멘트는 "어떻게 저런 걸 다 아는 거야? 참 신기한 분들이네!"다. 출연자 중에는 자신이 전공한 분야에 대해 속속들이 파고들어 얘기하는 경우도 있지만, 딱히 그 분야가 전공이라고 볼 수도 없는데 **어쩌면 저렇게 해박하게 꿰어낼 수 있을까** 하는 생각을 갖게 하는 경우도 한두 번이 아니었다.

가끔은 참으로 못된 생각으로, 혹시 매회 다수의 작가가 동시다발로 엄청 작업을 해서 각 주제에 맞는 지식들을 저 사람들에게 사전에 공급, 공부할 시간을 주는 것은 아닐까 의심하기도 했다. 아니 그러지 않고서야 어떻게 철학이면 철학, 문학과 역사, 과학, 정치, 시사 등에 이르기까지 한 번의 썰렁함도 막힘도 없이 이야기를 만들 수 있는지 너무나 신기하고 부러웠던 것이다. 솔직하게는, 차라리 그렇게 생각하는 편이 나의 지적 시기심이 좀 편해질 것 같다는 천한 생각도 했었다.

그런데 그 프로그램의 골수팬이 되고 보니, 그들은 어쩌면 내가 평생 동경했던 '제대로, 잘 노는' 부류의 사람들은 아니었을까 하는 지점에 도달하게 되었다. 그들이 끄집어내는 정보와 앎과 시사점과 예리한 분석들은 결국 이들이 지난 세월 그저 '노는 기분으로' 심각하지 않게 취득했던 지식인 것 같더라는 것이다. 어디서 들었는지 기억은 나지 않았지만 대충 이런 말이 떠올랐다.

"대충 일하는 사람은 열심히 일하는 사람을 이기지 못한다. 열심히 일하는 사람은 능력 있는 사람을 이기지 못한다. 근데, 능력 있는 사람이 이기지 못하는 사람이 있으니 그는 바로 그 일을 즐기는 사람이다."

맞다, 그럴지도 모른다. 그들은 저런 잡학들을 취함에 있어 실상 '공부'라는 심각한 행위를 했던 것이 아니라 (비록 주변에서는 공부하는 줄 알았겠지만) 다량의 아드레날린이 펌핑되는 매우 재미난 '놀이'를 하고 있었을 수도 있겠다. 말하자면 '제대로 놀아본' 사람의 얼굴이었다는 판단이다.

더 늦기 전에, 나는 나름의 방식으로 좀 '놀아보려고' 한다. 그러고 싶다. 느꼈을 때 시작해야 한다는 마음이 움직이고 있다.

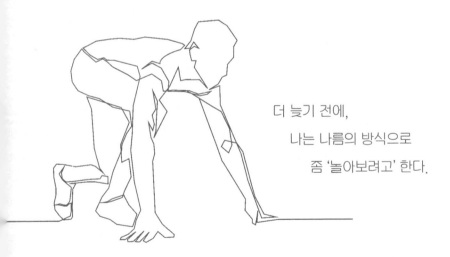

더 늦기 전에,

나는 나름의 방식으로

좀 '놀아보려고' 한다.

'의미' 있는 '일'이
블루존을 만든다

세계적으로 암과 치매 등 건강과 장수를 위협하는 중요 질병의 발병률이 현저히 낮은 지역을 '블루존'이라 한다. 블루존에 사는 사람들의 공통점은 다양하지만, 그 가운데 눈길을 끄는 것이 "90세의 나이에도 여전히 자신에게 의미 있는 일을 거르지 않고 매일 하는 것"이라는 노교수의 인터뷰였다. 그녀가 '의미' 있는 '일'로 여기는 일은 강의와 빠르게 걷기라고 했다. 자신이 설정한 의미와 일에 지속적으로 의미를 부여하고 느끼며, 스스로 기뻐하는 상태를 유지하는 것이 블루존을 만드는 첫걸음이라는 얘기다.

WS. 09

악바리로 살아라
독하게 파이팅!

사람 좋다는 말, 칭찬만은 아니다. 그 말은 어쩌면 당신을 천천히 병들게 할 수도 있다. 가끔은, 하고 싶은 일과 갖고 싶은 것을 향해 바락바락 소리 지르는 악바리로 살아라. 조금 더 지나면 상황이 된다 해도 체력이 달려 못한다. 독종이란 말, 때로는 어마어마한 찬사다. 많은 조직에서, 독종들은 대체로 중심에 있다. 왜 그럴까? 드라마 속 아름다운 현실과 우리가 마주하는 비루한 현실은 갭이 크다.

유학이 끝나가고 있었다. 유학을 떠날 때 회사에서는 2년간의 휴직을 허가해 주었고, 커뮤니케이션학 석사가 마무리되고 있는 중이었다. 논문에 대해 생각도 정리할 겸 지도교수에게 들렀을 때, 백발의 어머니뻘 교수님께서는 놀라운 말씀을 하셨다.

"석사 마치고 한국으로 돌아갈 게 아니라, 내친 김에 박사 과정을 밟으면 어때?"

전혀 생각해보지 않은 제안이었다. "제가 해낼 수 있을 것이라 생각하세요?" 하고 되물었더니 빤히 쳐다보던 교수님께서는 "와이낫? 원서를 제출한다고 무조건 되는 것도 아니고, 된다고 무조건 장학금을 주는 것도 아니니, 심각하게 생각하지 말고 일단 서류준비를 해서 제출하고 결과를 기다려보면 어떠냐고" 하며 웃으셨다. 그렇게 영어 점수를 다시 맞추고, 원서에 자소서도 써서 몇몇 학교에 박사과정 원서를 제출하고 기다렸다. 그런데 놀랍게도 석사를 마친 본교를 포함해 세 개 학교에서 합격 소식을 전해 왔다. 나는 고민 없이 본교에 남고 싶다는 의사를 밝혔다.

그런데 한 가지 마음에 걸리는 것이 있었다. 박사는 일정 기간이 지나면 강의를 하든, 연구 보조 활동을 하든 간에 석사 때와는 비교도 안 될 정도로 '빡시게' 일을 시킨다는 것이었다. 물론 매달 스타이펜드 (Stipend 박사 과정 장학금)라는 수당을 준다는 것은 좋은 소식이긴 했다. 문제는 다른 조건이 함께 붙는다는 점이었다. 3년 안에 박사 학위를 취득하는 데 성공해야 하고, 여의치 않을 경우 더 이상의 물적 지원은 없다. 그것 말고도 재학 중인 학부생을 대상으로 수업을 진행해야 하기 때문에 일종의 영어 자격시험, 스피킹 테스트에도 반드시 합격해야 한다. 이걸 도대체 어째야 할까. 박사를 시작하는 것도 도전이었지만, 박사 과정을 한다고 해도 예상되는 난관이 이만저만이 아니었다.

고민에 고민을 거듭했고, 지도교수와 많은 이야기를 나누었다. 나는 마침내 결심했고 박사 과정에 들어섰다. 그리고 이후 3년간은 정말 **악바리**로 살았다. 고등학교 때를 포함해서 그렇게 공부에 매달린 시기가 없을 정도로 미친 듯이 공부에 몰입했다. 밥 먹는 시간, 주말에 갖는 약간의 휴식, 그것 말고는 도서관이 집이려니 하고 살았다. 새벽 같이 달려가 자리를 잡았고, 밤 11시쯤 도서관을 나섰다.

서른두 살에 시작한 유학은 무엇보다 **영어가 심각한 걸림돌**로 작용했다. 하지만 나에겐 선택권이 없었다. 드라마 시청, 개인 튜터링, 성문 종합 다시보기, 학과 복습 등등 **방법을 가리지 않고** 스피킹을 끌어올리기 위해 노력했다. 그 결과는 스피킹 시험 단번에 합격, 학부생 강의 1년 반, 제때 졸업, 졸업 전 학술지에 논문 발표 등이 모두 이루어졌다. 더불어 졸업 전에 루이지애나 주립대학(Louisiana State University)에 교수 자리까지 얻어내는 경사도 경험했다. 자기자랑 잔뜩 늘어놔서 읽기 거북하실지 모르나, 실은 나도 불편하다. 좀 더 있는데, 그냥 여기까지만 하고 접겠다. 내 책에 토하는 건 피하고 싶으니까 말이다. 그러나 알아두시라. 이런 잘난 척, 다 당신을 위해서 하는 거다.

악바리가 되자. 솔직하게 말하면, 인생의 모든 순간에 전력을 다할 수는 없지 않은가. 운동선수도 경기 내내 스퍼트를 내면 지쳐서 나가떨어지고 만다. 불세출의 영웅 손흥민 선수도 경기 중에 가끔 걷는다. 다시 미친 듯 달리기 위해 잠시 숨 고르는 과정일 것이다. 아무리 초인적인 체력과 감각이라지만, 90분 내내 100미터 달리기하듯 달리지는 않는다. 당연하다. 우리도 그래야 한다. 잠시 두리번거리다가, 다시 **100퍼센트로 내달려야 하는 순간**이 왔다 싶으면 앞뒤 재지 말고 무조건 독종으로 변해 **치타처럼 달리는 거다.** 악바리라고 욕하거나 말거나, 재수 없다고 뒷말하거나 말거나 말이다.

자, 파이팅하자. 독하게 파이팅!

WS. 10

게으름은 노!
시행착오는 오케이!

방황도 좋고, 휴식도 좋고, 젊음의 특권도 좋고, 일탈도 다 좋다. 근사하다. 하지만 꼭 기억할 것, 모든 책임은 스스로 지는 거다. 깔끔하게 말이다. 헛되게 보내도 좋은 시간은 어디에도 없다. 모든 인생은 리얼 생방송이어야 한다. 이것이 조물주에 대한 예의다. 몸이 힘들면 정신이라도 바지런해져라. 시행착오나 실패에는 교훈도 있고 설명도 있겠으나, 게으름엔 아무런 변명이 있을 수 없다.

나는 대학 친구들과 그때나 지금이나 매우 친하다. 심하게 가깝다. 아무 때나 연락해도, 별 특별한 이슈 없어도 전화 건너 침묵이 그다지 힘들지 않은 녀석들이다. 참으로 다양하게 사회에서 얽힌 관계 지향의 사람들과는 어울림의 문법도 다르다. 거칠고 투박하지만 솔직하다. 편하다.

그 중에 심정적으로 좋아하긴 하지만 다소 안타까운 친구가 있다. 20년 전 그때, 전화를 걸어 "뭐 하냐?" 물으면 그는 예외 없이 "응, 그냥 있어"가 답이었다. "자냐?"라고 물으면 "잠도 자고, 뭐" 이런 식이었다. 물론 목소리도 '날 좀 냅둬~' 이런 느낌이었다. 20년이 후딱 지나버린 지금, 그 녀석에게 전화를 걸면 어떤 반응일까? 예상하셨겠지만, 아주 또옥같다. 말투만 더욱더 힘이 없어지고 끈적한 연륜(?)이 묻어날 뿐, 여전히 그는 그 시절 그대로 무기력하고, 그때나 지금이나 대부분 '쉬거나 자고' 있다.

정반대의 친구도 있다. 20년 전에도 전화하면 주변 소음은 기본이고 이리저리 바삐 뛰어다니며 **항상 뭔가를 도모하던** 녀석이다. 그런데, 지금도 어쩜 그렇게 똑같은지······. 일반화할 수는 없겠지만, 뒤에 언급한 그 빠릿빠릿한 친구는 **중견 기업의 대표**가 되어 있다. 친구들 중에 말 그대로 '**제일 잘나가는**' 녀석으로 받아들여지고 있기도 하다. 그 녀석과 20년을 친구로 지내며 내가 느낀 것, 그 단어가 바로 다름 아닌 '**생방송**'이다.

이상하게도 나는 방송 출연을 할 때마다 생방송이었다. 상당히 어려웠다. 대본은 나눠주지만, 그대로 진행되는 경우는 단 한 번도 없었다. 친절하게도 프롬프터에 나의 멘트를 꼼꼼히 넣어주지만, 상황은 항상 예상과는 다르게 흘러갔다. 시간도, 맥락도 변수가 참으로 많았다. 긴장을 안 할래야 안 할 수 없는, 기분 좋게 혈압이 빡빡 오르는 그런 상황들이 몰아쳤고, 방송을 마치고 나면 정말 많이 지친 느낌도 들었다. 하지만 아주 재미도 있고 뭐랄까, 살아 있으면서 '**살아 있다는**' 느낌을 경험하는 그런 마음이었다.

생방송 같은 그 녀석, 물론 직접 말한 적은 없지만, 그 녀석의 삶은 나에게 참 많은 자극을 준다. 처음에 말한 친구도 자극을 주는 것은 마찬가지지만, 방향은 좀 다르다. 미안하지만, 그 놈은 생방송은커녕 단 한 번도 무대 혹은 스튜디오에 뛰어 올라갈 생각조차 안 해봤으리란 느낌이다.

요즘 청년들은 학교에 들어가기 어렵고,
제때 졸업하기도 쉽지 않으며, 취업은 더욱 그러하다.
취업을 해도 버티기 쉽지 않고, 그 이후로도 고난은 끝이 없다.
생방송으로 살기 힘든 배경이고 상황이다.
하지만 이게 주어진 상황이라면 나름 힘을 내서
생방송 찍으며 살아야 한다.
방법이 이거밖에 없다면 여기서 달려보는 수밖에!
조낸 버티는 거지, 뭐!

"구르는 돌에는 이끼가 끼지 않는다"
하나로 수렴되는 두 가지 의미

"A rolling stone gathers no moss!" 첫 번째 뜻은 열심히 일하는 자에게는 거추장스러운 '이끼'가 끼지 않으니, 제발 열심히 좀 살라. 두 번째 뜻은 여기저기 싸돌아다니느라 어디 한 곳에 진득하게 있지 못하면 결국 아무것도 얻을 수 없다! 두 가지 해석은 결국 하나의 충고로 수렴된다. "숨 쉬는 순간엔 온전히 열심히 살아라. 나태하지 말고!" 동시에 "하나의 주제, 하나의 장소에 제발 진지하고 진득하게 좀 있어라!" 둘 다 결국은 우직하게 열심히 살아야 한다는 충고가 아닐까. 자신의 선택에 대해 끊임없이 긍정적 암시를 쏟아 부으며 죽어라 파면, 그래서 한 십여 년 지나면, 어떤 분야든 '전문가'라는 말을 듣지 않겠는가.

무작정 떠남
재지 말고 그냥 떠남

여행과 해외연수는 단어 그 이상의 의미를 갖고 있다. 견문? 경험? 추억? 그런 콘셉트만으로는 온전히 감당할 수 없는 가치들을 날것 그대로 당신에게 안겨줄 것이다. 6개월 내내 알바한 돈으로 크로아티아? 3년 커피 안 마신 대가로 즐기는 한 달 간의 뉴욕? 그거, 마흔 넘으면 돈이며 시간 다 받쳐도 웬만해선 어렵다. 이 시간, 나와 비슷한 사람들이 무얼 하고 살아가는지만 단순 시청만 해도 여행비는 뽑는다. 실전에서 뺑이 치다 온 아재의 부탁 한번 믿어보시라.

아깝다는 생각에 살짝 귀찮다는 느낌, 덜컥 다가오는 겁도 물론 있었다. 생전 처음 본격적으로 해본 아르바이트였고, 두 번의 방학 내내 꾹꾹 눌러 모은 돈을 한 방의 여행에 쓴다는 결심은 쉽지 않았다. 하지만 무려 스물두 살이 될 때까지 한국 밖으로 한 번도 나가본 적 없었던 청년은 비록 한 시간 거리의 일본이긴 했지만 너무나 설레는 마음으로 룰루랄라 떠났다. 그냥 질러버렸다.

핸드폰도 없던 시절이라 부모님의 걱정이 만만치 않았다. 말도 잘 안 되면서 공중전화는 어떻게 쓸 것이냐고 소리도 지르셨고, 잠은 어디서 잘 것이고 밥은 어디서 어떤 걸 먹을 거냐며 다그치기도 하셨다. 덩치는 산(山)만 했지만, 당신의 눈에는 그냥 '막내이' 꼬마일 뿐이었기에 이래저래 스산하셨던 것 같다. 여행 출발하는 날이 가까워 오자 어머니는 특히나 짜증과 한숨을 동시에, 매우 자주 발산하셨다. 나보다 네 살 위의 형에게 "니가 말리봐라, 쫌!" 아침상에서 툭 던지셨지만, 형은 특유의 시니컬함으로 "엄마, 쟤 안 죽어, 걱정 마"라는, 정말 말도 안 되는 대답으로 어머니 속을 더 뒤집어놓은 죄로 방으로 쫓겨 들어갔다.

나는 일부러 어머니의 불안과 걱정스런 눈빛을 나름 코믹하게 외면하며 마침내 여행으로 도망을 갔다. 그리곤 후쿠오카행 비행기에 서둘러 몸을 실었다. 예정 기간은 30일이었고, 목표는 일본 열도의 맨 아래부터 맨 위까지 눈에 넣고 오겠다는 것이었다. 심플했지만, **상당히 무모한 배낭여행**이었던 것 같다. 결론부터 말하자면, 형의 말이 정확히 맞았다. 형의 예상대로 나는 '**살아서**' 돌아왔고, 그때 미야자키라는 도시부터 홋카이도의 하코다테에 이르기까지 30일 내내 찍은 사진들과 나름 문학 소년처럼 끄적거린 낯 뜨거운 일기들은 나의 삶에 정말 무엇과도 바꿀 수 없는 에너지원으로 자리 잡고 있다.

후쿠오카에서 예상치 못한 폭우를 만나 멍 때리고 있던 생면부지의 나를 재워주신 아저씨, 히로시마 평화공원에서 마주했던 원폭 피해 한국인을 위한 위령탑, 처음이자 마지막으로 들어갔다가 혼자만 쑥스러웠던 벳부의 남녀혼용 온천, 하루 종일 돌아다녀도 신기하기만 했던 동경 시내 구석구석, 간만에 큰돈 투자해서 사치를 부렸던 삿포로에서의 맥주와 우동 등등 뭐 하나 버릴 것 없는 나만의 추억들로 똘똘 뭉쳐 있는 것이다. 세상 그 누구도 결코 **빼앗지** 못하는, 그래서 더욱 소중한 나만의 흥미진진한 스토리다. 주인공도 나, PD도 나, 관객도 나인 **유일무이한 콘텐츠**가 존재한다는 말이다.

지금 생각해보면 참 별것도 아니지만,
그 여행 내내 찍었던 빛바랜 사진첩은
살다가 이래저래 지치는 즈음에
술 한 잔보다도 훨씬 감미롭고 어쭙잖은 충고들보다도
백 배는 성가시지 않아 좋다.
좋은 건 나눠야 맛 아닌가.
무작정 '떠남', 재지 말고 그냥 떠남'을 강추한다.
제발 떠나라. 기회 있을 때 훅 저질러라.
분명 뭔가 얻어 온다.
확률 백퍼!

나대라
자뻑해라
실제 잘난 건지도 모르잖아?

겸손이 미덕인 문화다. 점잖음이 아름다움이고, 나대는 사람은 덮어놓고 웃음거리로 만들기도 좋아하는, 그렇게 되어야 직성이 풀리는 문화가 엄연한 곳이다. 하지만 잘난 척할 때 아드레날린도 막 나오고 자신도 모르는 경계도 훌쩍 넘고 그런 거 아닌가? 자신이 마음에 들 땐, 나 어떠냐고, 정말 괜찮지 않냐고, 진짜 잘나지 않았냐고, 나 믿고 따라오라고 그렇게 외쳐보자. 그래도 된다. 그리고! 진짜 잘났을 수도 있잖아!

회사든 학교든 면접 당사자가 되어 덜덜 떨면서 면접을 본 기억도 아주 많고, 반대로 면접관이 되어 '감히' 누군가를 선발하는 자리에서 이런저런 질문으로 지원자들을 코너로 몰아세웠던 기억도 많다.

광고회사 카피라이터가 되고 싶어 여기저기 면접을 보며 숨 가쁘게 뛰어다니던 시절, 나에게 가장 힘든 것은 내가 생각하기에는 이렇게 많아 보이는 나만의 자랑 '꺼리'들을 어떻게 하면 면접관들에게 가장 효율적으로 전달할 것인가였다. 그런데 가만 생각해보면 그 고민의 핵심은 어떡하면 '겸손한 척'하며 면접관들에게 다 쏟아낼 수 있을까였던 같다. 결국 자랑은 구구절절 하고 싶지만 그 사람들에게 자랑한다고 보이기는 싫은 묘한 딜레마가 면접장에서의 나를 항상 힘들게 만들었다. 이런 딜레마는 결국 나를 거의 모든 면접에서 매우 경직된 모습의 지원자로 만들어버렸다. 어쩌면 당연하지 싶다. 안팎으로 다른 생각과 행동을 유지하고 싶어 안달이 났으니, 나도, 그 억지스러운 모습을 지켜보는 면접관들도 매우 불편하기는 마찬가지였을 것이다.

광고회사에 입사하는 과정에서 경험했던 수차례의 면접은 아직도 불편한 기억으로 남아 있다. 물론 대부분은 결과가 안 좋았다. 떨어진 면접에서 내가 가장 많이 들었던 말은 **"뭘 그렇게 떨어? 안 떨어도 돼"** **"아니, 그렇게 끼가 없어서야, 허허" "긴장하지 말고 편하게 해라"** 뭐 그런 등등의 뼈 있는(?) 격려였던 것이다. 물론 소심한 성격 탓도 있고, 자리가 자리인지라 어쩌면 긴장은 피할 수 없는 장애물이었을 수 있겠지만, 그럼에도 불구하고 지금 분석해보면 나의 면접 퍼포먼스를 평균 이하로 만들어버린 주범은 정확하게 내 안에 있는 무엇이 아니었나 싶다. 내 스스로에게 솔직하지 못해 편한 마음 상태를 유지 못한 것이 패착이었던 것이다. 자랑하고 싶으면 솔직하게 대놓고 자랑질하면서 나의 절박함을 알렸으면 좋았을 텐데, 어쩌면 그런 상황에서 절절하게 묻어나는 **"이 회사에 꼭 들어오고 싶습니다!"**라는 담백한 호소가 차라리 면접관들의 마음을 더욱 쉽게 훔칠 수 있었을 텐데 하는 생각이 드는 것이다.

이는 사실, 세월이 한참 흘러 면접관이 된 뒤에야 깨달은 것들이다. 맞은편 자리에 앉아 평가의 눈으로 관찰하다 보니, 어차피 어느 정도는 '잘나서' 면접까지 온 친구들인데 결국 얼마나 이 자리가 본인에게 소중한지, 그리고 스스로 이 자리에 오기까지 어떤 경험들을 쌓았는지 **솔직하게 떠벌이는** 쪽이 훨씬 인간적이고 진정한 능력자로 보였을 것이다. 이는 경쟁자들을 위한 배려도 없이, 장황하게 자신의 실적만 나열하는 '촌티'와는 전혀 다른 차원일 것이다. 비록 세련되지는 않지만, 어쩌면 가장 숭고한(?) 방식으로 자신의 절박함을 전달하는 소중한 시간을 만들어낼 수도 있었을 것이다.

그리고 또 한 가지, 면접에서 가장 중요한 사항으로 '자뻑'을 말하고 싶다. 나는 **'자뻑'이야말로 엄청난 마법**이 될 수 있다고 믿는다. "칭찬은 고래도 춤추게 한다"는 말에서, 고래를 '자신'으로 치환하면 얼추 비슷한 의미가 아닐까 싶다. **자신을 칭찬하자.** 자뻑이라고 놀리든 왕자니 공주니 비아냥대도 꿋꿋하게 밀고 나가자. 덮어놓고 아무거나, 노력 없이 명분도 없이, 알맹이도 하나 없이 자화자찬만 하면 여지없이 낙오자가 되겠지만, 칭찬을 자기암시로 활용하며 전략적인 적용을 감행하는 것은 자신을 위해 꺼내 들 수 있는 가장 효과적인 채찍질이라고 믿는다.

더 이상 물리지 말고 물어라

얼마 전 크게 인기를 끌었던 드라마 속 대사다. "이제 더 이 상은 물리지 말고, 물어라!" 밑도 끝도 없이 호전적이 되라는 말은 아닐 것이고, 양보하기 어려운 일, 꼭 이루고 싶은 희망 등에 방해를 받을 때는 미친 사람처럼 처절하게 저항하라는 의미로 들린다. 그래도 된다. 개인적? 이기적? 공격적? 그렇 게 수군대도 어쩔 수 없다. 다 잃고 울면서 그때 물지 못했음 을 후회한다면 얼마나 억울한가. 호구되기를 거부하자. 가끔 은 싸움닭 패치를 장착하자.

사사건건 싸우고 타협하지도 않고 웬만하면 섞이지 못하는, 덮어놓고 공격적인 사람이 되라는 이야기가 아니다. 힘들어도 힘들다 말 못하고, 불합리한데도 그냥 받아들이기만 하는 건 스스로에게 정말 못할 짓이라는 이야기다.

학교에서 수업을 하다보면, 마케팅이나 광고, 홍보 등 전략 커뮤니케이션(Strategic Communication) 주제의 특성상 팀을 이루어 진행하는 과제, 즉 '팀플'을 부과하는 경우가 많다. 특히 최근에는 산학 연계, 취업에 관련된 심화수업, 스타트업 관련 활동을 가상으로 해보는 수업이 증가하는 추세라서 중간-기말로만 성적을 산정하지 않고 팀을 이루어 서로 경쟁하는 상황도 많다.

나는 이런 수업을 진행할 경우, 동료평가(Peer Evaluation)라는 시스템을 활용한다. 각 팀에서 도출한 결과물을 근거로 발표도 하고 보고서도 작성하여 최종 성적에 반영하게 되는데, 이와 더불어 그동안 각 팀들이 특정 과제를 수행하며 개별 팀원들에게 느꼈던 바를 꼼꼼하게 적어서 제출하게 하는 것이다. 특정 팀에 속한 개별 팀원은 자신을 제외한 모든 구성원들에 대하여 솔직한 평가를 해야 한다. 이 문서는 물론 나만 열람할 수 있다.

동료평가서를 검토할 때 나는 한 사람의 팀원이 특정 팀원에 대하여 부정적으로 평가한 것은 크게 의미를 두지 않는다. 하지만 복수의 팀원이 특정 팀원에게 매우 유사한 평가를 적은 다음 C 혹은 D 등으로 명시한 경우는 모든 평가 글을 철저하게 파악한다. 사실 가능성이 높다고 판단되기 때문이다. 일정 부분 학생들에게도 불편하고, 내게도 즐겁지만은 않은 동료평가 시스템을 시행하다 보면, 꽤 많은 친구들이 개별 면담을 요청해 그동안 말 그대로 '문드러진' 속에 대하여 괴로움을 털어놓는다. 더러는 팀장으로서, 동료로서 너무나 힘들었다며 눈물을 쏟는 친구들도 있다.

작성된 동료평가서와 면담을 통해 청취한 사항들을 토대로 상황을 파악한 다음, 나는 대체로 "그렇다면 왜 한 학기 동안 나에게 알리지 않았는가" 질문한다. 내가 조금 더 일찍 인지했다면 다양한 해결책을 제시해줄 수도 있었을 텐데 하는 안타까움 때문이다. 하지만 이런 질문에 돌아오는 대답의 대부분은, 일단 참았으며 시정을 요구했으니 **변할 것이라 생각하며 지켜봤다**는 것이다.

내가 관찰한 바에 따르면, 단체 활동에서 소극적이고 자신의 책임을 미루거나 핑계를 대고 잠수를 타는 특성을 가진 소위 **'프리라이더'** 들은 결국 그들보다 강한 '임자'를 만났을 때 비로소 그 같은 불합리한 행동방식을 잠시라도 멈춘다. 누군가 혹은 다수의 누군가가 매우 적극적으로 맞서서 뜨거운 맛을 보여주어야만 비로소 자신의 일이라도 마무리하는 모습을 보이더라는 것이다.

아무리 생각해도 불합리하고 주변의 '정상적인' 관련자들 대부분이 당신의 울분에 동의한다면 그때가 바로 **'싸움닭'이 되어야 하는 순간이**다. 그런 상황에서는 감히 말하건대, 당신이 곧 정의 혹은 옳고 바름에 가깝다고 믿어도 괜찮다.

이런 영화 속 대사가 스쳐간다. **"호의가 계속되면, 그게 권리인 줄 알아요!"** 맥락은 다르겠으나, 무책임한 방관적 호의만 계속되는 팀에서는 정의도 사라지고 팀원 간 호흡 또한 마침내 실종되고 만다. 더 중요하게는, 최고의 퍼포먼스도 요원해질 것이다.

들이받아도 된다.
떳떳하고 당당할 때는 미친 듯이 소리 지르고
명확하게 요구해도 된다.
갈등 없이는 평화도, 성과도 없다.

WS. 14

거침없이 올인해라
기웃거리면 기회는 없다

이게 내 길이다 싶으면, 설명 불가능한 감이 강하게 발동하면 당신의 바닥까지 다 끌어다 쏟아 부어라. 성공 아니면 실패, 가능성이 50프로나 된다고 소리치며 말이다. 도전의 셈법은 바로 그런 것이다. 무슨 직업, 어떤 분야든 간에 강산이 한 번 변할 만큼 올인해야 겨우 전문가 소리를 듣는다. 재고, 의심하고, 기웃거리고, 갈등하다가, 그런 버릇 계속하다 보면 청년 끝나 중년 온다. 단순해야 우직하고, 우직해야 끝이 있다.

방송을 보다보면 속마음을 털어놓고 고민을 이야기하는 프로그램을 자주 보게 된다. 대부분 청년들이지만 군데군데 나이 지긋한 분들도 상당수 방청객으로 앉아 있다. 이 같은 프로그램에서 패널이 가장 많이 받는 질문 중 하나는 바로 "저는 아직 뭘 해야 할지 잘 모르겠어요. 꿈이 없어서, 그게 문제라고 할까요?"류의 고백이다. 자신의 일을 발견하고, 만약 "그래, 이거다!" 싶은 마음에 더하여 천직이다 싶으면, 그래서 급기야 즐기고 있다는 느낌마저 들기 시작하면 어떤 일이든 장차 전문가로 업그레이드될 가능성이 높아진다. 그래서 즐긴다는 것은 매우 중요한 의미를 가진다.

하지만 아직 자신의 길을 찾지 못한 사람들은 정말 막막할 것이다. 아니, 도대체 뭐가 재미있는지도 잘 모르겠고, 특히나 내 나이의 다른 사람들은 각자 자신에게 맞는 일들을 잘도 찾아서 가고 있는 것 같은데 나는 아직 시작도 못하고 있다는 마음은 압박감을 넘어 때로는 공포감으로 엄습한다. 내가 관심을 갖고 본 프로그램들이 유독 그랬는지는 모르겠지만, 대체로 "시간이 해결해줄 것이다, 아직 서른도 안되지 않았느냐?" "부담 갖지 말고 일단 마음껏 방황하는 시간을 가져라, 방황은 청춘의 특권"이라는 조언을 듣게 될 때가 많다.

미안하지만, 나는 그렇게 말하지 못할 것 같다. 더욱 리얼하게 말하면 그렇게 말하기도 싫다. 그런 안일한 마음과 다독거림만으로는 자신이 하고 싶은, 어쩌면 평생 할 수도 있을 근사한 일을 발견해서 그것도 꾸준하게 해내는 일은 일어나지 않는다. 매우 치열하게, 죽어라 찾고 노력해서 **똥인지 된장인지 경험도 해보면서 사냥꾼이 되어야** 비로소 자신의 것이 무엇인지 보이기 시작하는 것 아닐까? 최소한 나는 그랬던 것 같다.

아주 단순하게도, 광고라는 필드가 내 인식 속에 훅 들어왔고, 매우 매력적이었지만 너무나 추상적인 차원이었을 때 그 강렬한 매력에 대해 짧지만 진지하게 고민한 다음 나의 그 감정을 믿어보기로 결정해버린 것이다. 그리고 그 뒤엔 광고와 관련된 인턴, 공모전, 교육과정 등을 처절하게 시간과 돈을 쪼개며 경험했고, 어느 정도의 성과도 이루어낼 수 있었다. 물론 주변 사람들의 참견과 혹하는 조언도 자주 있었고, 스스로도 한동안 죽을맛을 경험하기도 했다. 다양한 실패와 갈등도 만만치 않았다. 수백, 수천 번 때려칠까 하는 마음도 밀려들었다. 하지만 단 한 가지, 광고를 알아보려 헐레벌떡 돌아다녔던 것만은 분명하다. 내가 하고 싶은 분야, 나의 레이더에 걸린 분야를 알고 나한테 맞는지 확인하기 위해 많은 에너지를 투입했다.

나중에 알아챈 감상이었지만, 그 시간들은 '광고'라는 대상에 대하여 매우 구체적인 사랑이 싹트는 시기였던 것 같다. 그 사랑은 매우 디테일했고, 사랑이 지속되기 위해 어떠한 노력과 성과와 전략이 필요한지에 대해서도 쉴새없이 고민하는 양분들로 귀결된 것 같다. 그리고 상당한 시간이 흐른 뒤 나는 한 광고대행사의 합격증을 몸과 정신이 지친 채로 받아들게 되었다. 나만 아는 확신과 결단 그리고 노력 끝에 얻어낸 성과였다. 지금은 위치와 상황이 모두 바뀌었지만 그때부터 20여 년이 지난 지금도 나는 어쨌든 광고를 하고 있으며, 이젠 뭐 나의 일이라고 말하기도 이상할 만큼 자연스러운 생활의 일부가 되었다.

자신이 하고 싶은 일, 꿈, 결국에는 직업으로 삼아 전문 분야로 삼고 싶은 필드에 발을 들이기 위해서는 일단 **스스로에 대한 처절한 분석과 확신**이 필요하다. 결단도 필요하며, 과감한 도전도 필요하다. 무엇보다 **꿈에 취해 있으면 안 된다.** 역설적이지만, '꿈'을 이루기 위해서는 꿈만 꾸는 작업은 잠시 멈추어야 한다는 뜻. 처절하게, 무리해서, 미친 듯이 찾아야 한다. 내 인생 모두 쫑날 것처럼 막다른 곳으로 나를 밀어붙이지 않으면, 평생 하고 싶은 그 꿈은 웬만해서는 얼굴을 보여주지 않는다. 인생은 싸지 않다. 혹독하게 노력해야 심신이 너덜너덜해진 상태에서 세상은 당신을 향한 문을 살 짝, 몇 센치쯤 열어줄 뿐이다. 만만하지 않다. **방황이 젊음의 특권이라고? 그러다 훅 간다.** 평생 누릴 수 있는 특권은 없는 법이다.

내 것으로 만들기 위해서는 처절하게, 무리해서, 미친 듯이 찾아야 하는 것.

실패하는 사람들의
흔한 습관

결정을 제때 내리지 못하는, 그래서 삶 여기저기에서 다가오는 사안들을 효율적으로 처리하지 못하는 습관이 실패하는 사람들의 공통점이다. 짐 베커의 『실패하는 사람들의 77가지 습관』에도 이와 관련된 이야기가 등장하고 있으며, 데이비드 J. 리버만의 『나에겐 분명 문제가 있다』라는 책에서도 "사소한 문제를 결정하는 데도 오랜 시간이 걸리는" 습관, 그리고 "스스로 판단하기보다 지시를 따르는 것이 마음 편한" 버릇 또한 매우 위험한 삶의 방식임을 지적하고 있다. 이는 결국 자신의 삶에 있어 당당한 주체가 되기를 망설인다는 말이다. 이렇게 수동적으로 밀려가는 삶은 장기적으로 보면 생각보다 심각한 결과로 귀결될 수도 있다. 나는 '우유부단'보다는 '시행착오'가 훨씬 성공에 가까운 개념이라고 믿는다. 물론 결코 쉽지 않다. 누군가 삶을 평가하는 절대자가 있다면, 어영부영 판단을 유보하며 시간을 보내는 사람보다는, 좌충우돌, 절치부심, 한판뜨자 등등 이리저리 부딪혀보는 사람이 더 예뻐 보이지 않을까나 싶은 게 내 생각.

속지 말자 소확행
다시 보자 욜로

소확행, 욜로…… 그런 거 좋은지 모르는 사람 어디 있겠나?
하지만 현실 인식도 못지않게 중요하다고 감히 말해 볼란다.
당신이 할 수 있는 만큼만 즐기고, 세상이 놀러가라 한다고
무리해서 그럴 필요는 없다. 어차피 인생은 우선순위 따져가
며 사는 거다. 미디어 속 여유에 자유만 보고 따라하다 보면,
현실도 멀어지고 당신의 삶도 후지게만 보일 것이다. 우리는
모두 처절한 생방송 중이다. 대부분 예능보다는 다큐! 안타깝
지만 NG도 없다. 그냥 가는 거다. 그러니 정신 바짝 차려라.

나는 마케팅을 가르친다. 수업준비를 하려고 이런저런 자료를 찾다보면, 참으로 희한하게도, 불황이 지속되는 와중에 오히려 더 잘 팔리는 제품도 꽤 많다는 사실을 알게 된다. 전반적인 불황이 만들어내는 개인의 불안이나 어떻게든 숨 쉴 구멍을 찾아보려는 청춘들의 처절한 보상심리를 기가 막히게 파고드는 놀라운 마케팅이 동반되는 경우가 많다.

한 잔에 최소 5, 6천 원은 내야 하는 프랜차이즈 커피는 더 잘 팔리고, 해외여행은 장소가 바뀔 뿐 평타는 치는 경우가 적지 않다. 이른바 '**시발비용**(맞다, 욕할 때 쓰는 그 단어다. 즉 아무리 힘들어도 "에라 모르겠다, 이 정도는 써야지, ☆☆!" 외치며 스트레스를 날리기 위해 쓰는 돈이라고 해두자)'에 기가 막히게 가격대를 맞춘 다양한 아이템들은 불황이고 뭐고 날개를 단다. 주변을 돌아보면 다들 어렵다, 힘들다 한숨을 쉬지만, 그러면서도 대부분 2년을 단위로 최신 스마트폰을 개비하는 놀라운 현상은 예외도 없다. 물론 나도 그 중 한 사람이다. 지금 주변을 둘러보자. 5년 이상 단일 핸드폰을 쓰고 있는 고지식한(?) 사용자가 얼마나 있는지.

아이러니하게도, 경제도 힘들고 사회와 개인의 삶도 한없이 빡빡해지는 그 와중에도, 미디어에서는 그 사람들이 혹시라도 돈을 안 쓸까 노심초사하는 듯 뭔가 새로운 패러다임, 돈을 꼭 쓰게 만들려는 무서운 트렌드가 어떻게든 비집고 나온다.

'**소확행**(작지만 확실한 행복)'이라는 개념은 일본의 소설가 무라카미 하루키가 무려 1980년대에 쓴 에세이집에서 사용된 말이었다는데, 일본에서의 탄생 배경과는 별 상관없이 뜬금없이 2018년 우리나라에 소환되어 매우 강력한 소비 자극 트렌드로 자리 잡고 있다. 각자 경제 상황은 다르겠지만, 가만히 생각해보면 소확행이라는 '정당화'의 구실에 의해, 나 또한 한 달이면 수십만 원은 족히 쓰지 싶다. 아마도 상당히 많은 수를 차지하는 이른바 '소시민'들에게는 조용하지만 너무나 강력한 자극 요소가 되어 사회 전체를 흔들고 있는 형국이다. 어디든 내 마음 가는 곳에, 마음껏 돈을 쓰고 싶은 것은 인지상정, 그런데 이래저래 힘들어서 꺼려지고 뾰족한 명분도 없었는데, 미디어에서 소확행이라는 명분을 준 것이다. "아무리 힘들어도 이 정도는 써야 사람 사는 게 아닌가? 인생 뭐 있나?"라는 철학을 던져주었다. 너무나 고맙게도 말이다.

물론, 이런 개념을 밑도 끝도 없이 무조건 폄하하는 것은 옳지 않을 것이다. 그 의미들을 곱씹으면 우리가 그동안 이런저런 이유로 놓쳤던 가치들을 더 이상은 포기하지 말고 붙잡아라 일깨워주는 소중한 콘셉트일 테니 말이다. 하지만 꼬여 있는 꼰대의 시각에서는, 안 그래도 돈 쓰고 싶어 죽겠는 청년들한테 꼭 저러고 싶을까, 뭐 그런 상념으로 마음이 편치 않다. 솔직히, 더 리얼하게 주장해 보자면, **젊을 때 돈을 좀 모으거나 약간은 짠돌이로 살아야만**, 그래서 뭔가 쥐고 있어야만 후회가 없다. 그래도 아직 건강하고 가능성도 있을 때 아끼는 편이 덜 비참할 테니 말이다.

익스트림 짠돌이로 인간관계도 말려버리라고 말하는 것은 아니다. 미디어를 포함해서 여기저기서 자극한다고 해서 꼭 그렇게 '고대로~' 지를 필요는 없다는 말이다. 이런 말 역설적으로 들릴지 모르지만 미디어의 폐해는 막대하다. 헛꿈을 꾸게 만들 수도 있고, 웬만해선 깨기 어려운 최면을 걸 수도 있다. 당장 5분 전만 해도 필요하지 않았던, 전혀 박탈감을 느끼고 있지 않았던 나에게 A사의 트렌치코트가 없으면 갑자기 불행하다고 느끼게 만들 수도 있고, 유럽의 도심에서 에스프레소를 즐기지 못하는 당신을 실패자인 것처럼 연출할 수도 있다. 광고와 미디어는 엄청난 능력자다. **분별력을 기르자.** 돈의 힘도 인정하자. 모을 때 모아야 한다. 넉넉해지면 욜로도 하이클래스로 할 수 있다. 청년들이여, 부디 **일회성 욜로로 만족하지 말지어다.**

미디어 속 여유만 보고 따라하다 보면
현실은 멀어지고 내 삶도 후지게만 보이게 된다.

WS. 16

줄이 길면 오히려
먹을 게 없다

사람이 유난히 많이 모이는 곳은 어떤 곳인가. 가까운 답은
있을지라도 정확하고 매력적인 답은 없으리란 게 내 생각이
다. 누구에게나 통용될 것 같지만 어쩌면 아무에게도 들어맞
지 않는 솔루션만 무료하게 존재할 가능성이 높다는 말이다.
지금 난리 난 직업이 수년 뒤 여전히 최고의 대안일 거라고
누가 감히 장담하는가. 직업은 선택(Selection)이 아니라,
만드는 것(Creation)일 수도 있다. 당신의 가능성에 숨 쉴 공
간을 줘라. 정말 당신만이 할 수 있는 일은 없는지 조근조근
곱씹으며 생각해봐라. 모두가 달려가는 곳엔 결국 아무것도
없을 개연성이 다분하다. 인생 한 번이고, 당신도 한 번이다.

'맛집'이라고 소문난 식당에 찾아갔더니, 딱 봐도 30미터가 넘는 줄이 늘어서 있다. 당신은 그래도 일단 서서 줄이 줄어들길 기다리는 스타일인가, 아니면 다음에 기회가 있겠지 하며 고민 없이 돌아서는 스타일인가. 나는 너무나 강력한 후자다. 아마도 이래서 '멋(대가리)' 없다는 둥, 사는 맛이 그게 아니라는 둥 비난 섞인 지적을 가끔 받는 건지도 모르겠다. 물론 먹는 것은 엄청나게 밝히는 스타일, 거부할 수 없는 식탐을 보유하고 있지만, 어쨌거나 사람 많은 곳 꺼리는 천성은 어쩔 수가 없다. 사람이 많이 몰리는 곳을 발견하면 "뭐지 뭐지?" 하고 일단 달려드는 스타일이 아니라, "그거 뭐 별거 있겠어?"라며 별 고민 없이 돌아서는 후진 스타일이라는 말이다.

뭐, 사실 음식점이나 옷, 여행지 등은 설령 줄이 한없이 길다고 한들, 일단 힘들여 소비한 다음 그다지 기대에 못 미친다고 해도 그냥 씁쓸하게 기억하며 치워버리면 된다. 하지만 요즘 청년들을 보자면 최소한 이런 몇몇 대상보다 백배 천배는 더 중요해 보이는 사안들까지 대중성이나 인기를 근거로 일단 줄을 서보는 것처럼 느껴진다. 예를 들어 자신의 꿈이나 장래희망, 미래를 설계하기 위해 반드시 습득해야 할 것 같은 지식이나 패러다임, 트렌드 뭐, 그런 것들도 유행 중인 것을 덮어놓고 찾는 **밴드웨건 효과**가 나타나고 있다.

언제는 '창조~'가 들어가는 수업이나 책을 종종걸음으로 쫓아 다니더니, 이제는 4차 산업혁명이 자신의 미래 계획에 핵심 키워드가 되어야 한다고 목을 맨다. 학교 근처를 돌아다니다 보면 그토록 불안한 상태의 청년들을 유혹하는, 실체가 뭔지도 파악하기 어려운 특강과 관련 제품들을 접하게 된다. "4차 산업혁명 시대의 직업관" "4차 산업혁명과 취업" 등등. 실제로 들어보면 하나같이 맞는 이야기들일 것이고, 나름 의미도 있겠지만 이전 취업 관련 강좌들과 얼마나 다른지는 솔직히 잘 모르겠다.

일부 언론에서는 또 예외 없이 '4차 산업혁명 시대가 도래하면 없어질 직업들'에 대해서 심지어 랭킹까지 매겨놓은 '어처구니 없는' 뉴스들을 제공하기도 한다. 도대체 얼마나 타당한 기준으로 감히 미래를 그토록 강력하게 예측하는 능력을 발휘하는지 놀라울 따름이다. 개인적으로 가장 안타까운 점은, 결국 이렇게 또 누군가 한껏 몰아가는 나팔 소리에 의해 이래저래 취약한 우리 청년들이 당하고 있는 것처럼 보인다는 것이다.

불안한 청춘들은 언론에서, 미디어에서 가리키는 방향으로 우~ 하고 몰렸다가 또 다른 방향으로 우~ 하고 몰려간다. 너무 안타깝고 아쉽다. 언제는 인문학이 열쇠라고 떠들던 사람들이 이제는 또 공대만이 살길이라고 한다. 빅데이터가 21세기 원유라고 하더니, 코딩은 창의력의 필요충분조건이라는 소식이다. 이렇게 히트를 기록한 패러다임과 주장들은 대학생을 포함한 청년들을 흔들어 대고, 때로는 대학 전체를 흔든다.

공무원이 증원된다는 소식이 퍼지면 안 그래도 복잡한 노량진은 서울에서 젊은 사람이 가장 많이 모여드는 곳이 되어버린다. 우리 사회가 앞날의 방향성을 제대로 보여주었다면 자기만의 능력과 취향에 맞는 새로운 산업과 기회를 탐구하고 있을 2, 30대의 청년들이 무조건 공무원이 되겠다며 츄리닝 차림으로 고시촌을 지키고 있다. 공무원이 나쁜 게 아니라, 치우침이 안타깝다.

그 나이에 벌써 "내 인생에서 가장 중요한 가치는 안정"이라 외치면서 컵밥으로 시간을 견디고 있는 청춘이 내게는 너무 아프다. 한 번뿐인 인생이다. 어쩔 수 없다며 차선을 **최선이라 자기최면 하지 말고,** 나에게 가장 소중한 답이 무엇인지 따져보자. 지금이 아니면 '최선'은 정말 기회가 없을지도 모른다.

불안한 청춘들은
언론에서, 미디어에서 가리키는 방향으로
우~ 하고 몰렸다가
또 다른 방향으로 우~ 하고 몰려간다.

알면서도 번번이 당한다?
밴드웨건 효과

밴드웨건(Band Wagon) 효과. 퍼레이드에서 악대나 광대를 앞세우고 등장하는 꽃마차를 별 생각 없이 뒤쫓는 군중의 심리에서 비롯되었다고도 하고, 미국 서부 개척 시절, "금광이 발견됐다!"는 소식에 어떤 마차든 마을 가운데를 휭~ 하고 달려가면 장소도 목적도 모르지만 무조건 올라타거나 따라가는 상황에서 시작되었다고도 알려진다. 요즘은 딱히 왜 좋은지도 모른 채 "남들이 좋다고, 맛있다고 하니까" 무작정 줄을 서고 갑자기 소유하고 싶어서 안달이 나는 마음을 일컫기도 한다. 그런데 사람의 운명을 들었다 놨다 할 수도 있는 직업 선택도 설마 그런 식으로? 워워~~ 부디 맙소서!

중퇴가 포기는 아니다 고민 끝에 내린 결론이라면 와이낫?

모든 중퇴가 포기를 의미하지는 않는다. 또한 그 포기가 두세 배는 더 높이 날아가려는 중간 과정일 가능성도 크다. 포기 혹은 중퇴라는 말 뒤에 '결단' 혹은 '단호한 결정력'이라는 긍정 요소가 도사리고 있을지 누가 알겠는가. 남 일을 어찌 그리 잘 알아서 단죄를 하는가? 사람은 누구나 편견이나 관습으로 판단할 수 없는 유니크한 존재다.

'중퇴'란 단어를 들으면 어떤 뉘앙스가 떠오르는가. 중퇴란 그저 이런저런 이유로 특정한 일(특히 학교)을 그만두는 상황을 말할 텐데, 다시 말해 **가치판단이 개입될 이유는 딱히 없어** 보이는데, 사실상 부정적 의미에 치우친 개념이 되어 있다. 하지만 '평생직장'이란 말도 고어(古語)가 된 지 오래, '반수'가 일반명사화된 지 오래, 자격보다는 능력과 창의력의 전쟁터가 되어버린 패러다임 재편의 한가운데서 중퇴를 했다는 이유만으로 누군가에게 색안경을 쓰는 일은 진부해도 너무 진부하다.

마크 저커버그, 빌 게이츠, 스티브 잡스, 그리고 우리의 손흥민까지, 이들의 공통점은 무엇일까. 이렇게 극단적 사례들을 활용하긴 나도 참 싫지만, 당신의 공감(?)을 돕기 위해 무리수를 한 번 두기로 하자. 이미 감 잡으셨겠지만, 이유야 너무나 다르겠지만, 이들 모두 정규교육에서 이탈하여 튀쳐나간 '중퇴자'들이다. 졸업을 전제로 입학한 학교에서, 다른 친구들은 굳이 '튀지 않고' 나름 적응하며 정해진 대로 잘 살아가고 있었는데 자신들의 색다른 방식을 고집하며 '중퇴'를 감행한 사람들인 것이다.

마크 저커버그는 페이스북의 창업자이며, 대학 중퇴 이력을 갖고 있다. 그는 서른 전에 이미 말도 안 되게 많은 것을 이룬 사람이다. 빌 게이츠나 스티브 잡스도 뭐 설명이 필요 없는 빅샷(Big shots, 거물)들이다. 그들도 대학을 다니다 미련 없이 그만둔 이력이 있다. 우리의 영웅 손흥민은 고등학교를 그만두고 축구의 본고장 유럽으로 떠났다. 물론 아직도 유럽에 살고 말이다. 상황도, 분야도, 떠난 방식도 스티브 잡스 등과는 완전히 다르긴 하지만, 어쨌든 중퇴의 경험만 놓고 보자면 공통적이며, 결국 엄청난 성공을 만든 사람들임에 의심의 여지가 없다.

물론 '중퇴'의 경험만을 성공이라는 변수로 귀결시키고 일반화하려는 시도는 매우 억지스럽고 촌스럽다. '중퇴'의 추억을 가지고 있는 다수의 다른 사람들이, 이른바 사회에서 말하는 실패의 쓴잔을 마셨을 것이고, 지금도 그 여파로 인해 힘든 상태에 있다는 예측도 충분히 가능하기 때문이다. 아마도 비율로 따지면 훨씬 많은 중퇴 경험자들이 성공이나 역전으로 귀결되지는 않은 삶 속에 놓여 있을 것이다.

그래서 나는, 그저 '중퇴'라는 단어에 지금보다는 조금 더 많은 중립성을 부여하자고만 말하려 한다. 중퇴(中退)는 말 그대로 중간에 (잠시) 물러선다는 뜻이다. 뭐, 그 정도로만 받아들이면서, 일단은 응원하고 관찰하면 될 일이다. **중퇴가 곧 포기는 아니니까** 말이다. 백세시대가 되면서, 아마도 이전에는 흔치 않았던 삶의 다양한 전략, 중퇴 전술, 일단 접고 도약을 기약하는 테크닉 등이 더욱 많아지지 않을까? 어느덧 지겹도록 오~래 살게 되었으니 말이다. 조금 더 유연한 자세로, 타인의 **결정을 존중하며 지켜보는** 것만으로 응원이 될 것이다. 중퇴를 고민하는가. 더 큰 그림을 그리고 있다면 와이낫? 고민의 고민을 거듭했다면 와이낫? 당신의 꿈을 향해, 거침없이 지도 밖으로 행군하라!

곱씹을수록 맛이 사는
박명수의 촌철살인

인터넷에 '박명수어록'을 검색하면 주옥같은 말이 쏟아진다. 이 가운데 "늦었다고 생각할 땐, 진짜 늦은 거다"라는 말이 있다. 자신이 하는 일에서 늦었다는 생각이 들 경우 실패를 인정하고 현명하게 재기를 노리라는 과감함에 대한 주문으로 느껴진다. 또 어쩌면 남들보다 '정말로' 늦었으니, 미친 듯이 노력해서 만회해야 한다는 초절박성을 주문하는 것일 수도 있겠다. 그 외에도 박명수는 개그스러우면서도 많은 뜻을 담고 있는 말로 어록을 장식한다.

"참을 인(忍)자 세 번이면, 호구가 된다."
"일찍 일어나는 새는, 좀 피곤하다."
"즐길 수 없으면, 그냥 피해라."
"내일도 할 수 있는 일을, 굳이 오늘 할 필요는 없다."
"열심히 공부 안 하면, 더울 때 더운 데서 일하고 추울 때 추운 데서 일한다."
"티끌 모아봤자, 그냥 티끌이다."
"젊어서 고생을 사서 하면, 골병이 든다."

WS. 18

남의 눈높이가 뭔 상관?
나 땡기는 대로 살아야 내 인생!

유난히 땡기는 분야나 방향이나 방법이 있는가. 그런데 그게 부모님이나 주변 사람들 눈높이에 전혀 아니라는 이유로 '알아서' 접을 텐가? 누군가의 눈엔 무모하고, 무식하게 저지르는 것처럼 보일 수도 있지만, 당신이 간절하게 원한다면 밀어붙이면 그만이다. 대충의 성공은 싫고, 아무리 생각해도 당신만의 방식에 '올인'하고 싶다고? 계획과 신념과 끈기가 장착되어 있다면 못 먹어도 고! 일단 한번 가보자.

지금은 많이 까먹었지만, 나는 일본어를 꽤 잘했다. 학부 전공도 일본어였고, 대학 2학년 때는 관광통역사 자격도 취득했다. 어머니는 일본 유학을 하신 일본어 강사였다. 그래서 상당 기간 동안 집에서는 일본어만 쓰는 엄청난 '오바'도 해봤다. 대학 3학년이 되면서 고액 통역 알바도 여러 번 했고, 그 후 취업 제의도 자주 받았다. 주변의 친구들 대부분, 당연하게도 "쟤는 일본어로 먹고살겠지"라는 생각을 했을 것이다.

하지만 (그때는 어찌 그리 과감했는지) 정말로 하루아침에 그 전공을 싹 포기해 버리고 딴 짓을 시작했다. 이유는 심하게 단순하고 다소 유치했다. "일본어를 잘하긴 하지만, 아무리 잘해도, 결국은 일본사람 보다는 못할 거 아냐?" 뭐, 그런 말도 안 되는 논리에 의해 그동안 진지하게 달려온 분야를 내던진 것이다. 그 후 상당 기간 방황을 거듭했고, 다행히 수개월 후 만난 '이거다' 싶은 것이 바로 광고였다. 광고 중에서도 카피라이터로 '감히' 스스로 직종을 정한 다음엔 오로지 재학 중 취업을 위해 미친 듯이 달렸다.

그 즈음, 사실 당연한 반응이었겠지만, 부모님도 친구들도 교수님들도 '철이 없다' '돌았다'는 반응이 대부분이었다. 의혹에 찬 사람들의 시선은 내가 감내할 부분이었고, 솔직히 말하면 그런 이야기들을 귀담아 들을 여유도, 이유도 없었다. 새롭게 발견한 **절실한 그것에 온전히 집중**해야 했으니 말이다.

당연히 그 분야에서도 최고는 택도 없는 이야기였고, 최고란 개념 자체도 참으로 유치했음을 금세 알게 되었지만, 너무도 재미있고 무엇보다 내게 꼭 맞는 분야라는 믿음엔 그때나 지금이나 변함이 없다. 익숙했던 일본어가 그립거나 아쉬운 순간도 없었다. 인생에서 만난 대부분의 일을 썩 잘해내고 있다고 말하긴 어렵지만 '내 일'에 대한 선택만은 엄청난 위너라고 믿는다. 내 똥배짱에 경의를……

WS. 19

내가 혼자 살건 말건
당신이 뭔 상관인데?

혼자 살면 안 되냐고? 결혼은 꼭 해야 되는 거냐고? 당연한 물음에 의미 없는 대답. 이젠 지겹다. 제발 그만 좀 하자. 이래도 되고 저래도 된다. 내가 뭐라고 감히 남의 인생 방향에 훈수를 두는가? 자격증 있나? 혼술, 혼방, 혼회, 그런 말들 몇 년 지나면 그마저도 별 의미 없어진다. 중요한 건 당신의 선택일 뿐이다. 물론, 구질구질이나 민폐는 노! 노! 솔로에는 꽤 다양한 책임이 따른다.

말은 쉽지만, 진짜로 초연해지기는 쉽지 않다. 어느 정도 나이가 들면 받는 질문, 누구 없냐? 왜 결혼 안 하냐? 진짜 외롭지 않냐? 등등 딴에는 걱정이라고 해주는데 짜증만 더 쌓이게 하는 말들을 이런저런 사람에게 매우 자주 듣기 때문이다. 자신감 있게 "저는 혼자 살려구요~ 그게 편해요" 대답하지만, 말하는 스스로도 뭔가 찜찜하고 듣는 사람들도 곧이들으려는 마음이 딱히 없어 보인다.

하지만 가만히 생각해보면, 도대체 언제까지 이렇게 **서로 피곤한 감정의 밀당**을 해야만 하는지 참으로 숨이 막힌다. 실제로 누굴 만나는 것에 대해 상대적으로 자유로운 청년들에게는 더욱 불편하리라. 미국생활을 오래 하지도 않았고, 그렇다고 그 문화가 너무 좋다는 것은 아니지만, 그 사회에서는 웬만해서는 잘 묻지 않는 질문들이다. 특히 "왜 결혼을 안 하는가?" "결혼 계획은 있는가?" "혼자 살면 외롭지 않은가?" 등등의 질문은 참으로 난감하다. 미국 등 서방 사회에서 병적으로 익숙한, 사적인 영역(Private Space, Privacy)을 서로 고스란히 지켜주고 존중해주는 문화에 대해 부러워한 적이 있다.

나는 원칙대로 착착 살아가는데, 상대는 원칙에 한참 벗어난 열등하거나 아쉬운 삶을 살고 있다고 판단하고 말도 안 되는 참견을 하는 것은 매우 위험한 발상이다. 그 사람들이 외로움을 좋아하고, 원래 섞이지 못하고, 누굴 제대로 만나는 능력도 없어서 나와 다르게 사는 것이 아니라, 내가 미처 모르는 (사실 알 필요도 없는) 다양한 이유와 배경에 의해 '혼자' 살고 있다면 어쩔 것인가. 미혼, 비혼, 졸혼도 있으며, 워낙 낮은 출산율과 함께 나이가 들었는데 함께 지낼 형제자매가 없는 경우도 허다하다. 당연해 보이던 가족 형성, 4인 가족 등의 구조도 허물어진 지 오래고, 참으로 많은 이유에 의해 혼자 살아가는 사람들이 많다. 제발 좀 혼자의 의미, 선택한 삶의 방식들에 대해 존중하도록 하자.

　감히 말하건대, 우리나라도 이제 '사적'인 부분이다 싶으면 궁금해도 참을 줄 알아야 한다. 동시에 누군가 묻더라도 마음 가는 대로 대답하며 당당하거나 심지어 '뻔뻔해져도 되는' 때가 되지 않았나 싶다. 1인 가구가 도대체 얼마나 늘었으며, 결혼 커플은 또 얼마나 줄었고, 이혼은 또 얼마나 늘었나. 이 같은 사회현상 속에서 대체 왜 혼자냐며 당사자들을 들들 볶아 대냐는 말이다. 걱정돼서, 가족이라서, 친한 사람이라서 물어본다고? 잠깐이라도 그 사람이 되어 보면 당신의 질문들이 얼마나 **난폭하고 거슬리는 접근**인지 이해가 갈 것이다.

누군가 당신에게 그런 말을 던져도 초연하게 반응했으면 좋겠다. 명절만 되면 미디어에는 '명절에 가장 듣기 싫은 질문' 등이 연중행사처럼 도배된다. 듣기는 싫어도 발끈할 필요는 없다. 묻는 사람이 이상한데, 당신이 왜 스트레스를 받아야 하나? 그저 속으로 쯧쯧거리면서 더욱 당당해지길 바란다. 초연해져야 한다. 진짜로 초연해지기 전까지는 그런 척이라도 하자. **스스로 편한 것보다 중요한 가치는 없다.**

WS. 20

스타일 좀 튀면 어때?
중요한 건 알맹이!

왁싱, 피어싱, 타투잉, 노란머리, 빨간머리……. 보태준 거 하나 없이 쉽게 평가하지 마라. 숙련된 참견러, 불편러들은 나이도 상관없이 다양하다. 아니 그냥 본인에겐 안 맞으면 안 하면 그만인데, 왜 그걸 '평가'하냐는 말이다. 유행하는 이런저런 요소들을 장착했는데, 자신에게는 거슬린다 해서 그걸로 그 사람의 그 가치관(성격, 인간성, 능력 등등)까지 싸잡아 평가하거나 판단하거나 폄하질하지 말라.

약간이라도 개성 살려 튄다 싶으면 밟아대느라 안달인 분들, 주변에 적지 않은 것 같다. 외국인들이 왜 한국 사람은 죄다 검정색 아니면 회색 옷만 입느냐며 신기해하더라는 말을 들은 적 있다. 자동차도 웬만해선 흰색 아니면 검정색, 사는 집도 아파트 아니면 빌라. 뭐, 그런 것이 편한 문화인지는 모르겠다. 따져보면 갑갑하다. 그냥 좀 편하게 입고 맘 가는 대로 꾸미고 아님 말고 등등 오픈 마인드로 살아보자. 우리 모두 다 말이다.

32년 꽉 채워 우리나라에서만 살다가 떠난 미국 유학에선 참으로 놀라운 게 많이 보였다. 거의 학교에서만 생활하는 처지였지만, 사실 학교에서도 처음 보고 느끼는 상황은 정말 많았다. 그 중 하나가 참 이상한(?) 교수님들이었다. 두 교수님만 소개한다. 한 분은 '줄 서는 교수님'이고, 또 한 분은 '반바지 교수님'이다.

거의 매일 들르는 도서관에서, 우리나라 대학에서는 보기 힘든 풍경 하나가 눈에 들어왔다. 예나 지금이나, 우리나 미국이나 도서관에는 이런저런 자료들을 복사하려는 '줄'이 만들어지곤 한다. 나 또한 긴 줄에 난감해하며 터덜터덜 합류하는데, 우리 과에서 거의 최고선임으로 알고 있는 백발의 교수님이 긴 줄 속에 서 계신 것이었다. "아니, 그게 뭐?"라고 반문할 수도 있겠지만, 그거 결코 우리 대학 사회에서는 흔한 풍경이 아니다. 부끄러운 고백이지만, 나 또한 도서관 자체를 그다지 가지 않는 교수이며, 만약 자료 복사가 필요하다면 조교를 귀찮게 하는 일이 많다. 구부정한 허리를 연신 펴며 기어코 자신의 차례가 되어 복사를 하는 고령의 교수님을 보며, 다양한 생각이 들었다.

두 번째 '반바지 교수님'은 내가 다니던 학교 명예교수로 계신 분이다. 그 교수님 수업을 신청하고 긴장 속에 맞은 첫 날, 나는 상기된 얼굴과 마음으로 교실에 들어섰다. 함께 수업 받는 친구들의 이름이 마이클이나 제인 같은 낯선 이름이라는 사실 자체도 놀라웠고, 잘 꾸며진 카페 같은 강의실도 충격에 가까웠다. 그런데, 바로 다음 순간, 강의실에 등장한 교수님의 복장은 이 가운데 가장 '깜놀'이었다. 반바지에, 폴로 티셔츠(남방도 아니고)를 입고 수업에 나타난 것이다. 아무리 후텁지근한 미국 남부라고 해도, 수업에 오는 교수가 반바지를? 매우 생경한 풍경이었다. "혹시 학생들을 아무렇게나 대하는 무개념 스타일?" 잠시 고개를 갸웃거렸지만 그런 내 생각이 부끄러울 만큼 그는 학기 내내 뜨거운 열정으로 수업을 이끌었다.

한참 지나서, 나름 친해진 다음 반바지 때문에 놀란 첫인상에 대해 이야기를 했더니, 특히 아시아 학생들이 '그런 방식으로' 놀란다고 대답하며 웃으셨다. 그나저나 혹시 본인의 강의에 뭔가 아쉬운 점이 있었냐고 묻기에 정색하며 손사래를 쳤더니 "그러면 됐다(Ok then…)"라며 다시 웃으셨다. '다르다'거나 '독특하다'든가 약간 '튄다든가' 등등 남들 눈에는 자칫 삐딱하게 보이는 많은 것들이, 그 자체로 평가받을 이유는 전혀 없다는 생각을 그 즈음 자주 한 것 같다.

행위를 하는 주체가
그 주체에게 기대되는 행동을 제대로 해내고 있는가,
뭐 그런 게 핵심인 사회가 건강하다.
편견이나 선입견이 사라지고,
알맹이나 중심이나 본질 등에
포커스를 맞추는 문화에서는
그만큼 필요 없는 피로감도 적고 경쟁력도 커진다.
반바지 교수님은 은퇴에 즈음하여 상을 하나 받으셨는데,
광고-마케팅 분야에서 최근 10년 간
최다 논문 게재 연구자 중 한 사람이라는 타이틀이었다.
그러니 그의 반바지 따위야 무슨 상관이란 말인가.

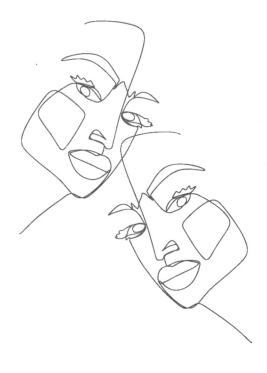

윤복희의 미니스커트
그 이후 50년

1967년 해외에서 공부를 마치고 돌아온 어린 여가수가 앨범을 냈는데, 이전의 앨범 재킷에서는 볼 수 없었던 심하게 짧은 치마가 등장했다. 당시 말 그대로 최신상 인싸템 트렌드를 선도한 가수 윤복희다. 1996년 신세계는 이 미니스커트를 모티브로 기업광고를 만들기도 했다. 당시 미니스커트를 입은 모습에 사람들이 수군수군했다는 말은 외람되게도 "미친~"이었다. 그 옷이 정말 그렇게 상스럽고 비루한 단어로 폄하되어야 하며 국가기관마저 나서 통제를 해야 하는 무서운 물건이었을까. 미니스커트만이 아니라, 역사적으로 뭐든 처음 보는 것을 만들거나 소개한 사람의 상당수가 호된 거부를 당했다. 미니스커트 이후 50년 우리 사회는 무엇이 얼마나 바뀌었을까. 사고의 유연함은 행동의 민첩함과 성과의 풍부함으로 이어진다. 다양성의 가치에 대해 제발 좀 다양하게 생각하자. 웬만하면 좀 오픈 마인드!!

WS. 21

맘껏 미워해라
그 끝에서 사랑을 만나라

다른 사람을 미워하는 것이 괴롭다는 사람이 의외로 많다. 우리나라 사람들, 전반적으로 참 착하다. 그런데, 많이 어렵겠지만 누군가 미워지면 밉다고 하고 독설도 해버려라. 그래도 된다. 억지로 웃어주고 질질 끌며 받아주다 보면 고치기 힘든 마음의 병으로 남을 뿐이다. 그건 참 낫기 어렵다. 하지만 미워하는 것이 익숙해지면 그 또한 경계해야 할 일이다. 미움은 자가발전 가능성이 높은 바이러스이기 때문이다.

'웰다잉'이라는 개념을 접했다. 간단하고 자의적으로 받아들이자면 존엄하게 죽는 것, 준비하는 기간을 가져서 조금 더 아름다운 모습으로 죽음을 준비하는 것, 당사자에게 죽음의 권한을 실질적으로 확보해 주는 것 정도 되지 않나 싶다.

우연한 기회에 '웰다잉' 문화 만들기를 기획 중인 분들 사이에서 홍보 영역 자문을 한 적이 있다. 어차피 하는 회의, 웰다잉 전문가들이 시키는 대로 상상을 해보았다. 아직 살날이 너무나 많이 남아 있다고 생각하며, 죽음은 생각하는 것만으로도 소름끼치게 싫지만, 나의 마지막 순간에 과연 나는 어떤 생각, 어떤 장면, 어떤 상태에서 최후를 맞이할까 하는 상상을 용기내서 해본 것이다.

잠시 눈을 감았을 때, 사전에 전혀 의도하지 않았지만, 놀랍게도 내 앞에 연신 떠오른 것은 그동안 만나서 연을 맺고 동시대를 살았던 많은 사람들이었다. 아이를 비롯하여 가족들도 차례로 떠올랐고, 평생을 허물없이 지낸 친구들도 등장했다. 유학 시절 미국에서 함께 고생하던 친구들, 오랫동안 직장생활을 함께 한 동료들도 떠올랐다. 이미 세상을 떠난 소중한 형과 대학 친구, 그리고 이제는 동영상의 기억은 전혀 없는 아버지까지, 정말 많은 사람이 그 짧은 시간에 짠하고 나타나서 빠르게 스쳐갔다.

그런데 참으로 이상한 것은, 그 사람들 모두 내가 엄청나게 '사랑한' 사람들은 아니었다는 것이다. 그 중에는 내가 다양한 방식으로 너무나 미워해서 지난 몇 년간 얼굴도 안 본 사람도 있었고, 떠올리면 스트레스라서 일부러 생각을 피하던 사람도 너무나 당당하게 화면에 나타났다. 그때, 아주 잠시 죽음에 대한 상상이긴 했지만 그 전문가들 말대로 상당한 깨달음이 있었다. "그래, 어차피 사람이었구나." 나직하게 나의 입에서 나온 말이었다. 그랬다. 마지막 순간에 떠올랐던 것들은 버킷리스트에 넣어 두었던 최고의 관광지도 아니고, 감명 깊었던 영화도 아니었다. 맛있게 먹었던 음식도 아니고, 내가 남기고 가는 소중한 자동차도 아니었다. 그냥, 언제인지 기억도 가물가물한 때 나를 스쳐갔던 사람 모두를 포함한 나의 사람들이었던 것이다.

치가 떨리도록 미운가? 보기만 해도 짜증이 확 밀려오는가?

그럴 수 있다. 그래도 좋다.

하지만 당신은 결국

대부분의 사람들을 사랑하게 될 것이다.

악담이 아니라, 그게 숙명인가 보다 싶다.

사람 '인(人)'자가 사실은 '사랑'의 초성이라더니,

그 말이 맞나 보다.

WS. 22

사랑해라
너덜너덜 닳아 없어질 때까지

마음이 아직 말랑말랑할 때, 그때 더 사랑해라. 기회가 오면 하겠다 하지 말고, 이거 억지다 싶을 정도로 자가발전을 해서라도 하는 게 낫다. 인연이 어디에서 얼굴 내밀지 우린 잘 모른다. 서툴러도 좋고, 새드엔딩이라도 상관없지 않은가? 마음 다해 사랑했다면 말이다. 사랑엔 시도 때도 없다. 취업하고 한다고? 지금은 그럴 여유가 없다고? 그러다가 중년 되고 말년 된다. 힘내라. 힘내서 사랑하고 또 사랑해라. 뜨거운 심장이 너덜너덜 닳아 없어질 때까지.

생각해보면, 참으로 이유도 다양했다. 사랑을 시작하지 않거나, 마음이 가더라도 자기가 알아서 감정의 자제를, 굳이 자신에게 강요하는 이유들 말이다.

하고 싶은 공부를 해야 해서,

아르바이트가 바빠서,

자아(自我)를 먼저 찾고 싶어서,

동아리에 집중하고 싶어서,

취업 먼저 해야 할 것 같아서,

딱히 이상형이 아니라서,

지금까지 기다렸는데 겨우 애인가 싶어서,

친구로 오래 남고 싶어서

등등 정말 무지하게 다채롭다. 이런 말도 안 되는 이유 말고, 더 말도 안 되는 이유도 아마 백 개는 넘지 싶다.

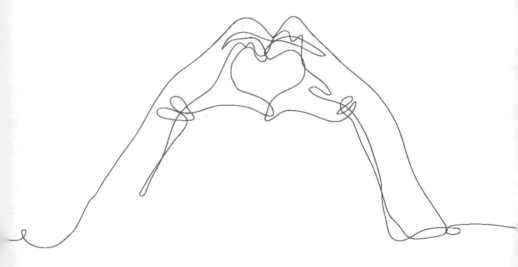

하지만 그 모든 게 그저 앞에 있는 혹은 옆에 있는 사람을 사랑해야 할 이유보다 약한 이유다. 아직은 이래저래 재지 않아도 될 때, 아직은 서로 찌들지 않았을 때, 아직은 부모와 가족 친지들 하나도 신경 안 쓰고 우리에게만 집중할 수 있을 때, 그럴 때 **사랑하고 또 사랑하라.**

감정이란 게 그렇다는 썰이 있다. 참으로 재생 속도가 남달라, 다 닳아 너덜너덜 없어질 것처럼 사랑에 써버렸어도, 일정한 시간과 공간을 지나가면 무서울 정도로 후딱 다시 새살이 돋아 있더라고 말이다. 부지런히 쓰고 또 써라, 당신의 감정. 사랑은 매번 첫사랑이라 하지 않던가.

WS. 23

눈물에는 성별이 없다
남자의 눈물을 폄하하지 마라

'남자는 평생 딱 세 번 우는 거야'에서 '여자는 울면 해결되잖아'까지. 의미도 없고, 매우 시대착오적이며 때론 매우 악의적이다. 눈물에, 울음에, 슬픔에 작위적인 의미를 담아서 뭘할 건가? 그런 건 본능에 대한 치사한 프레임 아닌가? 그냥 슬프거나 분해서 눈물이 나오면 울면 되고, 그치면 닦으면 된다. 눈물에 편해져 보자. 특히! 남자의 눈물을 차별하지 마라. 나처럼 덩치 큰 남자는 눈물구멍도 크단 말이다!

남자 화장실, 용변을 보기 위해 멈춰 서야 하는 그곳, 대체로 시선이 머무는 위치에서 어쩌다 이런 문구를 만나게 된다. "남자가 흘리지 말아야 할 것은 눈물만이 아니다!" 뭐 재치도 있고, 살짝 웃으면서 용변기에 한 발 더 다가가 용무를 마칠 수 있도록 만드는 글귀이기는 하다. 요즘 유행하는 '넛지효과'의 사례로도 유효할 것 같다. 옆구리 쿡 찔러 자연스럽게 자세를 바로잡게 해주니 말이다.

그런데 이 문구를 찬찬히, 까탈스럽게 곱씹어보면 은근히 전달되는 뉘앙스, 아니 어쩌면 대놓고 담겨 있는 전제는 '남자는 울어서는 안 된다!'가 아닌가. 나를 포함한 우리나라 남자들에게 눈물은 왠지 피하고 숨겨야 하는 대상으로 여겨져 온 것이다. 나도 그렇게 교육받아 왔다. 남자들이 눈물 흘리는 모습은 "질질 짠다~" 등으로 매우 폄하해서 표현되곤 한다. 일종의 '빨리 그치라'는 의미도 포함되어 있지 않나 싶다.

찔찔~이 아니라 본격적으로 뚝뚝 눈물을 흘리며 울 수도 있고, 여차하면 펑펑 울어버릴 수도 있으며, 소리 없이 흑흑 울 수도 있을 텐데, 이상한 방법으로 남성의 슬픔을 왜곡하고 있는 것이다. '여자는 눈물이 무기'라고? 제발 치사하게 그 말도 안 되는 말로 신성한 눈물에 성차별적 프레임을 씌우지 말기를.

아니, 때가 어느 땐데 눈물에 성별이 중요한 변수로 여겨져야 한다는 말인가? 여자도 울 수 있고 남자도 울 수 있으며, 사람들은 모두 울 수 있다. 술도 그렇다. 술이 세면 여자도 엄청 마실 수 있고, 남자도 술이 약하면 주스나 콜라를 마실 수 있지 않은가. 왜 말도 안 되는 선입견과 원칙들을 눈물이나 술 같은 것에 대입하는지 모르겠다.

지인 중에 신경정신과 의사가 있는데, 그의 말을 빌자면, 우울증을 예방하는 방법 중 가장 쉬운 것이, 슬프면 그냥 편하게 울어버리는 것이라고 한다. 굳이 '카타르시스' 개념까지 거론하지 않더라도, 당연히 쌓였던 묵은 감정을 해소하고 스르륵 흘러가게 만드는 장치로서 눈물과 울음은 너무나 요긴하고 중요하다. 그러니 **당신도 울어라.** 인구통계학적 정보는 물을 이유도 없고, 고루한 원칙과 선입견들로 당신의 슬픔과 감격을 폄하하려고 하면 대놓고 무시하거나 기술적으로 응징할 준비를 해두고 말이다.

천사표 하다 번아웃된다
차라리 못돼 처먹어라

어떻게 모든 사람에게 웃어주고 매너도 좋고 천사표로 지낼 수 있단 말인가. 그냥 맘 가는 대로 행동하며 살아라. 참고 참고 또 참으면 마음의 병만 깊어진다. 체면과 명분을 버리고 마음 가는 대로 살아보면 의외로 편한 순간이 자주 찾아온다. 필요할 땐 피하지 않고 부딪치는 것이 정신건강에 좋다. 무한 천사표의 속내는 썩어 문드러지고 있을 가능성이 높다. 인생에 한두 번 독종이 되어도 크게 나쁠 것 없고, 진짜 가끔은 '말종'으로 불린대도 오케이! 와이낫?

가끔은 이기적이 되어도 좋다. 규정이나 법을 어길 정도의 극단적인 '제멋대로'가 아니라면 너무 **빡빡하게** 생각하지 마라. 주위를 돌아보면 착하디착한 심성 때문에 고민이 유독 많은 사람들, 착한 척하느라고 죽어나던 친구가 제법 많다. "아이, 그래도 어떻게 그래요?"라는 말을 하지만, 사실 속으로는 괴로움에 치를 떠는 군상도 꽤나 많이 봐왔다.

흔한 예로, 각종 '모임'에 나가야 하는 부담을 들 수 있겠다. 동아리다, 동창이다, 은사다, 선배다 등등 이성적으로 생각해보면 특별히 나의 시간을 **빼서** 할애하기 싫은 TPO(Time·Place·Occasion)도 적잖이 있을 터, 하지만 무 자르듯 거절도 못하겠고, 굳이 그런 방식으로 튀기도 싫은 나머지 '얼굴도장만 찍자'는 **인간관계의 허영**으로 원하지 않는 자리에서 원하지 않는 시간을 보내게 된다. 소개팅을 한 뒤 마음이 그다지 동하지 않아도 '만나주는' 혹은 '만나보는' 경우도 많이 보았다. 중간에서 소개해준 사람의 '얼굴'도 있고, 만나자는 애프터도 왔는데 그래도 만나 '주어야' 하지 않을까 하는 명분을 내세우면서 말이다.

그런데 당신의 그런 이중적 태도가 정작 그 사람에게는 또 얼마나 **시간 낭비**가 될지 생각해 봤는가? 실상 이게 진짜 무시무시한 이기주의 아닌가 말이다. 착한 사람 콤플렉스라고 굳이 이름붙이지 않아도, 두루두루 모나게 살지 않으려고 필사적으로 노력하는 사람들, 우리 주위에 참으로 많다. 그렇게 속마음 참아내며 불편하게 버티다가, 그 유명한 '**화병**'에 **걸리지 않을까** 걱정된다.

화병은 새파랗게 젊은 날에도 찾아온다. '화'가 나면 그때그때 적당히 배설(?)도 하고 상황을 판단해서 살짝 터트리기도 하고, 가능한 방법으로 풀어낸 다음 다시 건강하거나 최소한 정상 상태의 마음을 가지고 일상으로 돌아오면 될 것을, 별 명분도 없이 꾹꾹 참고 억지로 누르다가 결국은 '한'이 되어 마음 가장 깊은 곳에 아주 강렬하게 따리를 틀도록 방조한 결과가 바로 화병인 것이다.

물론, 우리네 사회 분위기와 문화 등등이 우리의 소중한 마음의 자유를 앗아간 것은 맞을 것이다. 자연스레 그런 방식으로 우리의 가치와 마음이 다듬어져 왔는지도 모르겠다. 생활기록부에서 가장 소중한 덕목 중 하나가 '**원만한 인간관계**'였던 문화도 한몫 했지 싶다. 원만하면 주변 사람들에게 사랑도 받고 남들과 부대끼며 한결 수월하게 살 수 있는 것은 사실이다. 하지만 실제로 '**그런 척**'하느라 힘겨운 경우가 훨씬 많지 않을까?

이래저래 날카롭게 모난 사람으로 기억되는 것보다 착하고 무난하다는 느낌으로 기억되는 것이 깔끔하고 기분 좋은 일이긴 하지만, 스스로 지치고 뭔가 자신을 갉아먹고 있다는 느낌, 나의 정신 어디쯤 염증이 자라고 있다는 생각, 하지만 그러면서도 그동안 그래왔듯 맞서지 않고 그냥 꾹 참는 것이 버릇처럼 자리 잡은 친구들, 제발 마음의 염증이 노랗게 커져서 번아웃되기 전에 그만 좀 했으면 좋겠다. **부탁이니 천사표는 이제 그만해라.** 썩어 문드러지고 아픔에도 무뎌지고 그러지 말라는 말이다.

감정에 솔직해지고, 처한 환경에 충실해지자.
힘들면 힘들다고, 싫으면 싫다고.
그러면 무슨 큰일이라도 날 것 같은가.
아니, 의외로 아무 일도 일어나지 않는다.
가끔은 못돼 처먹어도 된다.
남들은 싫어할지 몰라도,
당신의 자아는 고맙다고 할 것이다.

WS. 25

따져라 따박따박
거부해라 치사한 관습

젊은 사람이 뭐 그렇게 빡빡하게 구냐고? 젊으니까 더 꼼꼼하게, 철저하게, 따박따박 따져야 하는 게 맞지 않나? 부당함에 눈감지 말고, 치사한 관습에 방관자가 되지 마라. 희롱이다 싶으면 저항하고, 차별이다 싶으면 눈물 쏙 빠지게 대들어 깨우쳐줘라. 차별도 성차별도 더 이상 공존할 수 없는 한심한 콘셉트들이니. 가끔, 나이와 직급이 깡패일 때도 있다. 조심은 하되, 지지는 마라. 깡패에게 져서야 되겠는가?

이른바 '대기업'에 잘 다니는 것으로 듣고 있었던 제자가 학교에 찾아왔다. 회사를 그만두었다고 했다. 물론 선생으로서, 선배로서 하고 싶은 말은 너무나 많았지만 아재와 꼰대 모드를 발동해서 "좀 참지 그랬냐, 그 좋은 회사를 왜~" 등등 너무나 당연한 말을 모범스럽게 일단 건네주었다. 하지만 차근차근 듣다보니 감정이입이 되어서 내 자식이라도 "그냥 빨리 관둬라, 더 늦기 전에, 더 상처받기 전에"라는 말을 해주고 싶다는 생각이 들었다.

한쪽 이야기만 들은 터라 일방적이라 할 수도 있겠지만, 요지는 팀원들을 통솔해야 하는 팀장이 팀원들의 공을 너무나 쉽게 빼앗아 가는 일이 관습화되어 있었으며, 은근히 팀원들끼리 불화를 조장하기도 했고, 매우 불합리한 이유로 (예를 들어, 나 외롭다, 밥 먹고 가자, 한 달도 더 남은 프로젝트 발표를 미리 검토해보자 등등) 야근의 일상화를 만드는 사람이었다. 더 중요한 것은, 이야기를 듣다보니 분노조절도 어려운 사람인 것처럼 느껴졌다. 본인만 모르는 별명이 '깜빡이'라고 했는데, 팀장이 도대체 언제 화를 낼지 몰라서 "제발 화내고 싶을 때는 깜빡이 좀 켜고 들어왔으면……. 좌회전인지 우회전인지 그 의도를 알 수 있어야 말이지"라는 맥락으로 팀원들이 붙인 별명이라고 했다.

1년여를 그렇게 멘탈이 무너져가던 제자는 정당한 루트를 통해서 부서이동을 요청했으나, 그런 사실 자체가 팀장에게 알려져 더욱 곤란한 상황이 되었다는 것이다. 물론 팀장의 위치는 매우, 더욱 공고해졌고 말이다. 그래서 더 늦기 전에 정말 어려운 결정이었지만 퇴사를 결정했다는 것이다.

제자의 현재 경제사정이 어떤지, 미련이나 후회는 없는지, 다시 힘낼 수는 있는지, 퇴사의 이유가 그 팀장 하나인지 등 묻고 싶은 내용들은 대충 돌려서 질문했지만, 한 가지는 그냥 대놓고 물어봤다. 그래서 **따지거나 항의해 봤냐**고 말이다. 내가 들어보니 그 사람 잘못이 큰 것 같은데, 혹시 갈등을 드러낸 다음 부딪쳐봤냐고 말이다. 그런데 (그 제자의 평소 성격으로 예상은 했지만) 그러지는 못했다고 털어놓았다. 그럴까 말까 하다가 그냥 자신이 접었다고, 하지만 본인이 그만두는 이유를 대충 짐작은 할 것이라고 말이다.

그 순간, 나는 답답해 죽을 맛이었다. 20대 중반이 훌쩍 넘어 이제 다시 직장을 알아봐야 할 정도로 만만치 않은 현실을 마주하고 있는 친구가, 정작 갈등과 괴로움의 주체에게는 제대로 따져보지도 못했다는 현실에 화가 난 것이다. 사사건건 부딪치고 상황을 가리지 않고 까탈스럽고 까칠한 것은 성격 문제이며, 어떤 곳에서도 녹아들지 못하는 비정상의 영역일 것이다. 하지만 그에 못지않게 대놓고 따지거나 꼭 물어야 할 사항에 황망하게 뒤로 물러서버리는 것도 **매우 비정상적인 행동**인 것은 마찬가지다.

억울하고 불합리한 상황이라 판단하고,

이건 도저히, 도저히 아니다 싶으면 당신이 생각할 수 있는

가장 합리적이고 효과적인 방법을 동원하여

'따박따박' 따지고 대들어라.

똥이 더러워서 피하지 무서워서 피하냐고?

어쩌면 당신은 그 똥을 무서워하고 있는 건지도 모른다.

시간이 지나 후회하면 미움은 당신 스스로에게 강하게 꽂힌다.

그게 쌓이면 화병이 되는 것이다.

그냥 좀 편하게 살자.

WS. 26

내가 이상해?
도대체 어떤 기준으로?

B급이라 부르든 '이상하다'는 말을 붙이든 간에, 그런 말들은 본질적으로 곱씹어볼 필요가 있다. B급, 이상한~ 같은 말을 쓰는 것은, 그 대척점에 A급이나 정상이 자리하고 있음을 전제로 하기 때문이다. 과연 A급이나 뭐, 그런 게 있기나 한 걸까? 그냥 상대적 다수가 선택하는 삶의 방식만 있고, 그걸 편의상 A라고 하는 것은 아닐까? 당신의 생각은 어떤가? 당신이 정말로 이상한 것 같은가? 포인트는 바로 여기에 있다.

'B급 며느리'라는 영화가 있다. 다큐영화라서 그런지, 투박하지만 현실감 장난 아니고, 공감 가는 부분도 많다. 이 영화의 감독과 그의 아내인 '며느리'를 만나서 이야기 나눌 기회가 있었는데, 개인적으로는 그렇게 솔직-담백한 사람들을 참 간만에 만났다 싶어 머리가 맑아지는 느낌이었다. 세상 사람들은 B급이네, 이상하네 등의 개념으로 프레이밍 했겠지만, 그들은 나름대로 '남들과는 다르지만 이상할 것은 별로 없는' 관계를 만들며 여전히 잘 지내고 있을 것이라 믿는다.

초등학교 때 급훈이나 교훈에는 '바른 어린이'라는 문구가 참 많았다. 나도 물론 정확히 뭔 뜻인지는 몰랐지만, 그놈의 '바른' 어린이가 되기 위해 무던히 노력했던 것 같다. 어렴풋했지만, 담임선생님과 엄마의 말씀에 무조건 '예!'라고 대답하는 어린이가 급훈에 맞을 거라고 생각하며 시간을 보낸 것이다. 초등학교 이후에도 그런 대로 크게 엇나가지는 않은, 그러니까 대충은 '바른' 아이로 자랐다.

그런데 대학 1학년 1학기 철학 강의에서 **'올바름이란 무엇인가'** 수업을 듣고 혼란에 빠지기 시작했다. 스무 살은 되었지, 저항하고 반항하는 것이 멋있게 느껴지지, 머리카락은 살짝쿵 볶아서 웨이브도 넣었지 등등 바야흐로 나는 '바르다'에 대해 본격적으로 염증을 느끼고 있었던 것이다. '올바르다' '맞다' '옳다'는, 그 대척점에 있는 '바르지 않다' '틀리다' 등의 전제가 있어야 비로소 의미를 갖는 말이었다. 그런데 곰곰이 생각해보니, 그냥 '다를 뿐'이지 아예 틀리거나 나쁘다고 감히 말할 수 있는 것들이 그렇게 많을까 하는 생각에 도달했던 것이다.

아마 그때를 변곡점으로, 나는 '올바르다' '이상하다'류의 주관적 가치 판단이 개입되는 용어들에 대해 조심스러워 하며 누군가 이런 말을 쓸 때 약간은 까칠하게 살피기 시작했던 것 같다. 아니, 세상이 얼마나 다양하고 또 시시각각 변하고 있는데, 내가 가진 가치를 기준으로, 감히, 건방지게! '이상하다' '올바르다' 주관적 가치를 강요할 수 있단 말인가!

주관적으로 해석해서 평가하고, 상대에게도 충분히 그렇게 들릴 수 있다는 말을 뒤집어보면, 시각에 따라, 사람과 상황에 따라, 상당수의 현상들은 정반대의 해석도 가능하다는 논리가 성립한다. 누군가는 '이상하다'고 말하겠지만, 바라보는 앵글만 살짝 바꿔서 쳐다보면 이상하다고 말하는 그 사람이 이상할 개연성도 다분하다는 말이다.

나이를 먹으면서 고혈압을 이기는 방법은 두 가지라고 했던 선배 교수의 투박한 멘트가 떠오른다. 첫 번째 방법은 혈압약에 대한 사랑, 그리고 두 번째는 "어떻게 이럴 수 있어?"가 아니라, **"뭐, 그럴 수도 있겠네!"**라는 사고방식이라는 충고였다.

듣고 보니 뭐, 그럴 수도 있겠네!

WS. 27

범생이가 어때서?
그 또한 유니크 포인트

튀는 직업? 튀는 생각? 튀는 패션? 튀는 말? 그럴 재주도 없고, 사실 그럴 마음도 딱히 없다면 그걸로 스트레스 받거나 불편해 할 필요 없다. 그런 사람들이 도드라져 보일 뿐, 세상은 대다수의 무난한 사람들이 중심이 되어 돌아간다. 수천 년간 그랬다. 그리고 무난함과 밋밋함, 평균적인 합리성, 원만함 등은 튀는 사람들에겐 기대할 수 없는 당신만의 엄청난 장점이다. 범생이가 어때서? 그 또한 아무나 가질 수 없는 유니크 포인트다.

나는 신방과 교수다. 신방과에 개설된 과목 가운데는 학생들이 팀을 이루어 회의도 하고 기획해서 발표하는 과정이 적지 않다. 내가 강의하는 수업도 마찬가지다. 이런 과목들을 진행하다보면 면담이 많아진다. 학생들은 다양한 이유에 의해 나에게 개인 면담을 요청하고, 우리는 대체로 내 연구실에서 마주하게 된다.

성적에 대한 고민도 있고, 팀원들과의 관계, 교과목에 대한 이해, 진로에 대한 추가 정보 요청 등 면담의 사유는 참으로 많지만, 그 가운데 예외 없이 자리하고 있는 것이 바로 **"저는 소질이 없는 것 같아요"**다. 신방과의 특성상, 뭔가 아이디어를 내고 팀원들을 설득하는 과정이 필요하다. 그래야만 자신의 아이디어와 생각이 팀 전체의 것이 되어 교수와 다른 학생들 앞에서 구체적으로 발표할 기회를 얻게 되기 때문이다.

물론 발표자가 되는 것도 중요하다. 팀이 과제 활동을 하는 동안 보여준 퍼포먼스와 능력 등에 의해 발표자가 추대된다. 리더가 되는 것이다. 그런데 어떤 친구들은 "내가 왜 이 전공을 선택했는지 모르겠다, 나는 왜 다른 아이들처럼 말을 잘 못하는지, 다른 애들은 어떻게 저렇게 솔깃한 아이디어들을 내는지 모르겠다, 팀 회의를 하다보면 머리가 하얘지는 순간이 많다, 이 길이 맞는지 모르겠다, 자존감이 떨어지는 느낌이다, 어떡해야 할지 모르겠다" 등등 고민은 끝이 없다.

이렇게 자책하고 아파하는 친구들을 만나면 너무 안타깝다. 누가 봐도 (모)범생이고, 내가 보기엔 그것이 그 친구의 장점인데, 자신의 장점은 미처 깨닫지 못하고 다른 친구의 화려한 언변과 독특함, 끼를 일방적으로 부러워하고 있는 것이다. "생긴 대로 살아라!"라는 일반적인 대답을 들려주기도 싫고, 그게 대안이 아니라는 것도 안다. 하지만 자신의 장점과 놀라운 점을 제대로 자각할 수 있어야 한다. 그리고 상당 부분 **다를 뿐이지, 우월 열등의 문제가 아니라는** 꼰대의 조언도 건네주고 싶다.

무조건 자신을 사랑하라는 말도 아니고, 자신을 계발하지 말라는 말은 더욱더 아니다. 겉으로 화려해 보이는 그 친구가 갖지 못한, 내게만 있는 유니크 포인트를 찾아내 나름의 트랙을 설계하고 개발해라. 세상의 **모든 사람은 유일무이한 존재**니까 말이다.

부러워하지 말고
나에게만 있는
유니크 포인트를 찾아내
나름의 트랙을 설계하고 개발하자.
생긴 대로 살자.

평범예능 전성시대
날것이 더 재밌다

2017년 세계 최고 권위의 광고제이자 콘텐츠 관련 경쟁 무대인 '칸 라이언즈'에서는 매우 독특한 세미나가 개최되었다. 각국의 잘나가는 콘텐츠 전문가들이 각자의 영역에서 만들어낸 신박한 트렌드를 소개하는 자리였는데, 그 중 하나가 "지루함의 힘, 평범함이 놀라움이 될 수 있다(Power of Boredom: How ordinary can be extraordinary)"였다. 세미나의 주인공은 나영석 PD와 배우 이서진. 이들은 '삼시세끼'와 '윤식당' 등을 소개해 큰 호응을 얻었다. 최근 우리나라 미디어 콘텐츠의 대세 중 하나가 별다를 것 없는 개인의 일상을 잔잔히 훔쳐보는 방식이다. 특이하거나 쇼킹한 스토리만 돋보이는 것이 아니다. 아주 평범한 삶의 약간 다른 버전, 그 또한 신박함이 된다.

WS. 28

트렌드에 휘둘리지 마라
당신 자신을 보라

문사철(문학·역사·철학)의 몰락이니, 취업의 블랙홀이니 참
말도 많고 참견도 다채롭다. 고등학교 문·이과의 비율은 이
미 엄청나게 기울었다는 소식이다. '문송합니다'는 이미 대중
적인 조크가 되었고, 문과생에게는 "취업은 어쩔~?"이라는
걱정도 쏟아진다고 한다. 부모는 힘 빠지고 학생은 주눅. 내
기해볼까? 세상이 그렇게 기운 상태로만 한없이 가는지 말이
다. 하고 싶고, 할 수 있는 일이 '문'이면 문 하면 되고 '이'면
이 하면 된다. 세상은 참고서지, 교과서가 아니다.

아무리 자신을 분석해 봐도 문과 유전자가 압도적인 것 같고, 대학에서 전공하고 싶은 과목도, 장차 직업으로 삼고 싶은 일도 문과에 가깝다면 제발이지 휘둘리지 마라. 이런저런 이유와 결국 **아무 책임도 안 지는 사람들의 조언**만 듣고, 당신의 마음속 소리는 무시한 채 이과로 발을 옮기지는 말라는 부탁이다.

실제로 이해하기 힘든 논리와 과정에 의해 갈등의 나락으로 빠지는 친구들을 만난 적도 많고, 엉성한 조언과 참견으로 아이들의 미래를 다그치는 부모를 만난 적도 많다. 매우 안타까웠다.

1년 전, 중고등학생들에게 내가 몸담고 있는 학과에 대한 전공 소개를 해달라는 요청을 받아 학생과 학부모가 잔뜩 모인 자리에 간 적이 있다. 전공 소개가 끝난 후 이어진 Q&A에서 가장 많이 나온 질문 중 하나는 "글을 쓰는 것도 좋고, 인문학(?)도 잘은 모르지만 흥미로운 것 같고, 역사 이야기도 좋아요. 그런데 엄마 아빠는 무조건 이과를 가야 한다고 하세요. 어떻게 해야 하죠?" 대충 이런 내용이었다. 비슷한 질문도 꽤나 많았고, 학생들뿐만 아니라 부모님들의 갈등과 혼란도 충분히 접할 수 있었다. 부모 자신도 아이들에게 대놓고 이과를 강권하고 있기는 하지만, 속으로는 긴가 민가 싶은 부분도 없지 않다는 의견도 있었다. 아니, 언제는 또 **인문학 바람이 불어서 난리더니**, 이제는 **이과 아니면 취업도 안 된다고** (계속 암울할 것이라고) 그렇게 보도를 해대니, 도대체 귀한 우리 애를 어찌해야 좋을지 모르겠다고 말이다.

이런 생각들, 그리고 강권하거나 갈등하는 부모들, 고민하는 학생들 모두 상당히 위험해 보였다. 그들이 주로 궁금해 했던 사항은 특정 전공자들의 취업 현황, 최근의 트렌드 등에만 집중되어 있었다. 내가 나름 잔뜩 준비해간 우리 교수진에 대한 설명, 입학해서 수강하게 될 과목들, 전공에 맞는 지원자의 소양과 특성 등에는 별 관심이 없어 보였다. 한없이 안타까웠지만 참 답이 없는 순간이었다.

이렇게 혼란스런 가운데, 최근에는 '융합(Convergence)'에 대한 다양한 기대 또한 부상하고 있다. 융합에 대한 정확하고 단일한, 공인된 정의가 있을 수 없는 현실에서 융합은 다양한 사람들에 의해 참으로 각양각색의 의미로 해석되며 중요한 화두가 되고 있다. 나는 융합이 문-이 양쪽을 모두 '균등하게' 공부하는 사람들만 누릴 수 있는 성과물인 것처럼 정의되면 안 된다고 생각한다. 융합의 장점과 효과성에 대해서는 이론의 여지가 없지만, 융합의 구체적인 방법에 있어서는 너무나 다양한 방식이 있다고 믿는다.

나는 나만의 '융합' 방법을 가지고 있다. 내가 최근 진행하는 소위 산학 연계 연구에는 공학자나 고도의 기기를 다루는 전문가들이 함께 하지 않는 경우가 단 한 번도 없었다.

예를 들어 최근 진행하고 있는 '디지털 미디어 속 흡연 장면이 청소년에게 미치는 영향'에 대한 연구는 청소년들에게 아이트래킹이라는 기술을 활용하여 그들이 모바일 속 흡연 콘텐츠에 어떤 방식으로 노출되며 어떤 집중 양상을 보이는지 관찰한다. 더불어, 특정한 콘텐츠(요소)에 노출되는 바로 그 순간 어떤 반응이 있는지 조금 더 세밀한 관찰을 위해 뇌파도 측정했다. 과거 문답형식 일변도의 설문조사보다는, 아이트래킹과 뇌파 측정이 대상자들의 반응을 가감 없이 파악할 수 있는 효과적인 방법이 될 것이라 믿기 때문이다. 물론 연구를 기획하고 실행하는 책임자는 나지만, 그렇다고 '이과' 출신들이 다루는 현란한 테크놀로지에 대해 '내가 직접' 파악하거나 다룰 줄 알아야 한다는 생각은 정말 '1'도 하지 않았다. 나는 내 분야에서, 그들은 그들의 분야에서 주어진 인생 열심히 살다가 고유의 **니즈**(Needs)와 **원츠**(Wants)가 만나는 순간에 적절하게 협업(Collaboration)을 하면 된다는 말이다. 이게 융합이 아니고 도대체 무엇이란 말인가?

이과니까 취업이 되고, 문과면 졸업해도 난감해진다고? 사회의 트렌드가 대체로 그러하니 당신도 그럴 것이라고? 전형적인 통계의 오류이며, 말도 안 되는 일반화다. **인생은 케이스 바이 케이스**, 사람의 숫자만큼 인생의 그림은 다양하며, 예상치 못한 변수는 500년 전이나 지금이나 넘쳐나고 다양하다. 문과가 뜬다, 이과가 뜬다, 그러니까 너도 해야 한다, 안 하면 낙오다 등등 이런 논리에 동의할 수 없다. 진짜 답은 당신 속에 있다. 밖으로만 향해 있는 눈을 돌려 **당신을 바라봐야** 정답에 이를 수 있다.

WS. 29

쓸데없다 연예인 걱정
너님 일이 진짜 걱정

사고 치고 근신 중인 연예인의 복귀시점, 출국하는 아이돌의 공항패션에 대한 적절성 논의, 예능에서 보여준 누군가의 개매너 논쟁, Copy&Paste하는 기자인 듯 기자 아닌 사람들의 글솜씨 비판 혹은 변호, 물론 다 흥미롭고 중요한 일이다. 그런데 말이다. 이런 저런 일들에 댓글 달고 또 댓글러끼리 치고받고 할 에너지가 있다면 제발 당신 자신에게 쏟아 부어라. 아무리 재밌고 중요해도, 당신의 1초보다 중요한 것은 어디에도 없다. 당신에게 몰두하라. 플리즈~~~

나는 당신이 관심을 쏟고 에너지를 투자하는 영역에 분별이 있기를 강하게 희망한다. 나의 직업이 미디어 관련 연구 및 강의이다 보니, 이런저런 사안들에 대한 댓글을 면밀히 살필 때가 있다. 취미 삼아 혹은 연구 삼아 말이다. 댓글은 소위 '일반인들', 즉 정보 소비자들의 특정 사안에 대한 정제되지 않은 싱싱한 반응이 터져 나오는 곳이라, 거칠고 투박한 경우가 대부분이지만 이게 진짜다 싶을 때도 많다. 비록 엄밀한 통계로 파악되어 화제가 되고 있는 사안들에 대하여 일반화시킬 수 있는 가능성은 없다고 해도, 대략적이라도 사람들이 어떤 마음과 시각을 가지고 특정 사건에 반응하고 있는지 파악하는 자료로는 충분하다.

하지만 개인적인 유용성과는 별개로, 댓글을 관찰할 때마다 많이 놀라는 것도 사실이다. 기본적으로 당대 사회에서 떠들썩해지고 주요 이슈가 되는 사안들에 대해서는 댓글의 양도 '놀랍게' 많고 댓글러들끼리 도대체 언제 끝날지 모르는 논쟁을 벌이는 경우도 너무나 많다. 그저 '웬만한' 연예인의 기사에도 최소 몇 백에서 수천, 수만에 이르는 댓글이 따닥따닥 붙어 있는 것을 보자면, 솔직히 이해하기 힘든 순간도 적지 않다. 연예인의 이혼, 이별, 구설수, 말실수, 개인사, 옷차림, 인간관계 등 주제에 따라 차이야 있겠으나 이런 주제들만 보더라도 참으로 많고 다양한 댓글이 빠른 시간 내에 후루룩 채워진다.

전형적인 아재요 꼰대, 그리고 영광스럽게도 대학생들을 가르치는 입장에서 잔소리를 하자면 제발 좀 연예인보다 당신에게 집중하라는 말씀 전하고 싶다. **"연예인 걱정은 쓸데없다"** 뭐 그런 말을 갖다 붙이지 않더라도, 우리에게 주어진 그 짧디짧은 24시간에 그저 할 시간이 어디 있나. 우리 각자의 삶에, 자신을 연구하고 스스로를 비판하며 **'나'를 칭찬**하는 데 시간을 보내면 어떨까.

돈으로부터의 자유 그 첫 번째 스텝

돈에서 자유로운 '척'하는 사람은 많아도, 진짜로 돈으로부터 자유로운 사람은 별로 없다. 대부분의 지구인에게 돈은 너무나 중요하다. 돈 때문에 인생의 희로애락이 결정되는 일도 솔직히 다반사 아닌가. 청년들에겐 더욱더 돈이 중요하다. 왜냐구? 살아갈 시간이 많으니 당연히 돈도 더 필요하지 않겠는가. 돈이 인생의 전부는 아니지만, 대부분일 가능성은 의외로 아주 높다. 돈의 노예가 되면 절대로 안 될 일이지만, 너무 없으면 결국 비참하게 노예로 전락할 가능성도 다분해진다.

학생들에게 자주 받는 질문, 혹은 상담 중 흔하게 등장하는 것 중 하나가 바로 '돈'과 관련된 문제다. 피터지게 공부해서 대학에 왔는데, 자신이 하고 싶은 일이 공교롭게도 돈이 되지 않거나 그리 가깝지 않은 일이라며 갈등 중이라고 고백하는 친구들도 있다. 반면, 진로 상담을 하다가 "저는 돈은 그렇게 중요하다고 생각하지 않거든요"라는 생각을 자꾸 강조하는 경우도 많다.

일단 돈 문제는 언급하지 않고, 그냥 앞으로 어떤 일을 하고 싶은지 일반적인 계획에 대해 물어보면 안타깝게도 상당히 추상적으로 느껴지는 바람만 이야기하는 학생도 꽤 된다. 일단 음악을 맘껏 하면서 세계인과 만나고 싶다거나, 새로운 장르의 미디어 플랫폼(?)을 개발하고 싶다거나, 세상 사람들에게 서로 도움이 되는 만남을 주선하는 비즈니스를 하고 싶다거나 하는 이야기들이다. 다 그런 건 아니지만, 아무튼 뭔가 세상 사람들이 흔하게 선택하는 길로는 가고 싶지 않고, 나름 근사하고 의미 있는 일을 하고 싶다는 마음일 것이다.

나는 그들의 선생으로서 상당히 현실적인 질문을 연이어 던지기도 한다. "오케이. 좋아, 그러면 금전적인 부분은?" 대충 이런 말이다. 최대한 이런저런 미사여구를 붙이기는 하지만, 결국은 '돈'과 관련된 문제는 피할 수 없다는 생각에서 질문을 해보는 것이다. 희망하는 바, 꿈, 뭐 그런 것들도 너무나 좋지만 졸업을 하는 바로 그 순간부터 피도 눈물도 없는 삭막한 정글이 시작됨을 나를 포함한 '나이 먹은 사람들'은 선험적으로 너무나 잘 알고 있기 때문에 미안하지만 돌직구를 던져보는 것이다.

일단 학교를 나가면, 그때부터는 시쳇말로 편의점 알바도 껄끄러워진다. 푸짐하고 저렴한 학식의 메뉴도 그리워만 해야 한다. 부모님과 주변 사람들도 그간의 은근한 기대를 매우 직접적인 모드로 바꾸게 된다. 분야도 중요하고, 하는 일의 비전이나 가치도 너무나 중요하지만, 사람들은 당신이 얼마나 버는가 혹은 벌게 될 것인가에 대한 관심이 상당히 높다. 왜 그럴까? 그들이 유별나게 세속적이고 돈만 밝히는 사람들이라 그럴까? 혹시 돈과 관련된 문제가 실제로는 매우 중요한 문제이기 때문은 아닐까.

돈에 대해서, 속내는 잘 모르지만 쉬운 말로 '뜨아'하거나, '뜨아'하는 모습이 멋있고 청춘답다는 생각하는 경우도 상당한 것 같다. 나는 가끔 정색하며 이야기한다. 나이와는 상관없이, **돈이란 매우 중요한 이슈**라고 말이다. 물론 보충설명도 최대한 다듬어서 제공한다. 무조건 돈이 먼저라거나 돈만 밝혀야 한다는 것은 아니고, 나 또한 그렇게 영리하게 살아오지는 못했지만, 돈이 매우 심각하게 결여되었을 때의 괴로움은 말할 수 없이 클 것이며, 그런 상황을 경험해 봤는지는 모르겠으나, 제발 그런 일이 일어나지 않기를 바란다고 말이다. 또한 대부분의 경우 이제까지 부모님이 알게 모르게 어느 정도는 후원자로서 버팀목이 되어주었을 것으로 추측되지만, 이제 서서히 혹은 갑자기 그런 도움은 사라질 것이라고 말이다.

나는 이제 50세를 향해 달려가고 있다. 그러다보니 큰 집을 포함해서 재산이 꽤 형성되어 있는 것으로 판단되는 (티를 굳이 내는) 친구도 제법 많다. 물론 부모님 덕에 적잖은 재산을 보유하고 있는 친구도 있다. 많다면 오히려 그쪽이 더 많으리라. 솔직히 부럽다. 하지만 그런 케이스를 제외하고 '순수하게' 자신의 힘과 노력만으로 상당한 재력을 보유한 친구들도 있다. 그 중 가장 강력한 녀석은 A다.

A는 나보다 1년을 늦게 직장생활을 시작한 대학 동기다. 휴학 등으로 졸업은 늦었지만, 무난하게도 대기업 마케팅 부서에 입사했다. 그 녀석이나 나나 광고 혹은 마케팅 분야를 희망했었고, 광고대행사에 입사한 나와 입사 후엔 더욱 자주 어울리면서 정말로 많은 이야기와 술을 나누고 또 나누었더랬다.

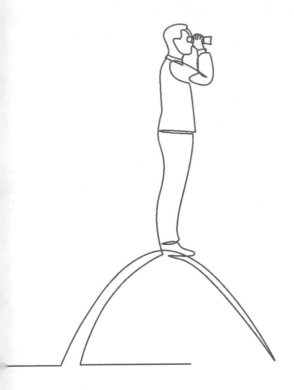

하지만 3년, 4년이 지나 회사 내에서의 책임이 본격화되면서 만남의 횟수는 어쩔 수 없이 줄어들었다. 지금 생각해보면, 그 친구와 나는 그때부터 차이가 나기 시작했던 것 같다. 주택청약을 한다, 적금을 든다 하며 그 친구가 뭔가 계획적으로 차근차근 돈을 모으기 시작한 것과는 달리, 나는 별 필요성을 느끼지 못했고 결국 실행하지도 못했다. 나는 입사 후 약 5년 동안 '별다른 이유 없이' 차를 두 번이나 바꾸었지만, 그 친구는 우직하게 뚜벅이로 지냈다. 누나 차라고 하면서 몇 번 타는 걸 본 적은 있지만, 자동차로 잘난 척을 하려는 나와는 분명히 달랐다. 결과는 어떨까? 단순한 비교라서 그다지 타당성은 없지만, 그때부터 십수 년이 지난 지금 그 친구는 이번 생이 다하는 순간까지 돈 걱정을 할 필요는 없어 보인다.

돈은 때로 그렇게 중요하지 않게 보이기도 하고, 이런저런 이유로 인해 실질적인 효용에 대해 무시되기도 한다. 실제 사람들의 속내와는 다르게 말이다. 더불어, 우리네 문화에는 젊은 사람이 돈돈돈 하는 것을 '셈이 정확하다'든가, '똑부러진다'라며 긍정적으로 생각하기보다는 **계산적**이라거나 **각박하다**는 표현을 더 많이 쓰고 "거 참 젊은 사람이~"라며 폄하하는 경우도 많다. **돈을 '밝힌다'**는 표현도 서슴지 않는다.

얼마 전, 종합격투기 UFC에서 은퇴를 선언한 백전노장 마크 헌트 (44세)는 기자회견에서 향후 계획을 묻는 기자들에게 "나는 어디든 가서 다시 싸울 것이다. 어디냐고? 돈을 많이 주는 데로 간다. 나는 옥타곤에 서는 것만으로도 기쁘다는 거짓말은 하기 싫다. 돈을 많이 주는 곳에서 열심히 싸울 것이다!"라며 호탕하게 웃었다고 한다. 속과 겉 모두 돈에 초연할 수 있고, 조금 아쉬워도 그런 대로 안분지족하며 살 용기가 없는 이상, 차라리 솔직하고 쿨하게 인정하며 **돈 좀 밝히면 어떤가.** 어차피 속으로는 한없이 애정하는 거, 대놓고 '공개연애'하면 안 되나?

'돈만' 중요하다는 마음, '돈은' 중요하다는 마음, 그리고 '돈도' 중요하다는 마음은 아마 지금부터 **20년 후 당신의 잔고**에 상당히 많은 영향을 미칠 것이다. 하고 싶은 일, 지키고 싶은 인간관계, 느끼고 싶은 경험 등과 돈을 반드시 연계시킬 필요는 없는 것 같다. 돈은 그냥 별개로, **우리가 숨 쉬는 동안은 꼭 필요한** 뭐, 그런 거라고 생각하고 잘 챙겨두기를. 복잡하게 생각하지 말고 말이다.

"돈의 가치를 알고 싶다면, 꾸러 가보라"

카피라이터 권수구의 책 『명언, 그거 다 뻥이야』라는 책을 보면 돈에 대한 뼈아픈 일갈이 가득하다. 특히 "돈의 가치를 알고 싶다면, 꾸러 가보라" "사랑에 관해서는 낭만적일 수 있지만, 돈에 관해서는 낭만적이어서는 안 된다" 같은 말은 매우 통찰력 있는 글빨이라 한참을 되뇌었다. 이외에도 "부자가 되는 쉬운 방법이 있다. 내일 할 일을 오늘 하고, 오늘 먹을 것은 내일 먹어라" "돈을 만드는 것은 은행이지만, 오래 쓰는 것은 당신 몫이다" "안 쓰는 게 버는 것이다" 등이 기억에 남는다. 그의 책에 있는 모든 말에 백퍼 공감이 되었다고는 못하겠으나, 결코 돈을 별 특별한 논리도 없이 폄하하거나 초월한 척하는 것은 어리석은 일이겠구나 하는 생각을 하게 만드는 충분한 가르침들이었다. 돈이 인생의 '다'일 수는 없고 그래서도 안 된다. 하지만 대다수의 사람은 돈 때문에 웃고 운다. 어쨌거나 돈은 적은 것보다는 많은 게 훨씬 낫다.

WS. 31

회사를 위해 일한다는 거짓말

'인생 뭐 있어?' 혹은 '인생은 한 번이야' 등의 말도 리스펙트. 듣기만 해도 설레는 멋진 개념들이다. 우리 삶에는 저녁이 있어야 하며, 여유도 필수이고, 주말과 자유 시간은 길수록 땡큐인 것이다. 하지만 당신의 '욜로'에 회사가 도움이 안 돼 다 때려치고 싶다면 다시 한 번 생각해보자. 사표를 짜릿한 경험으로 만들고 싶다면 눈 질끈 감고 참을 줄도 알아야 한다. 그래야 진짜 하이레벨 욜로를 즐길 수 있다.

직장에 이상한 사람이 많아서 **스트레스**를 받는다구? **당연하다.** 돈 때문에 만난 관계들이니까. 하지만 회사 입장에서는 당신보다 그 사람이 더 필요할 가능성도 있다. '평생직장'이라는 말은 없어진 지 오래고, 회사도 나도 실상 원하지도 않는 상황이 되어버렸다. 잔인하게 생각하면 서로 윈윈이거나 니즈와 원츠가 정확하게 맞아야 '결과적으로' 평생직장이란 귀결에 다다를 수 있겠다.

최근 "회사를 그만두는 가장 짜릿한~" 뭐, 이런 제목의 프로그램이 생길 정도로 '회사 생활'에 대한 이미지는 대체로 '안 좋고도 부정적인' 느낌으로 길들여지고 있다. 회사 생활이 그처럼 안 좋게 묘사되는 원인과 배경은 주로 조직의 구성원 개인이 누리는 권리의 제약, 상하관계에 의한 스트레스 등으로 그려진다. 괴롭힘을 일삼고 성과를 빼앗아가는 직장 상사나 동료, 야근과 특근을 일상으로 바꾸는 숨 막히는 사내 문화, 나의 적성과 맞는 줄 알았는데 그렇지가 않아서 등등인 것이다. 그리고 그 이유들이 회사를 자신 있게 그만두는 사람을 멋있게 표현하면서 알게 모르게 정당성을 부여한다.

내 생각은 약간 다르다. **회사, 다 거기서 거기다.** 시간도 가지고 싶고, 항상 합리적으로 이해가 되는 회사 생활이면 너무나 좋겠지만, 그거 참 현실에서는 찾기도 어렵고 내가 들어가기는 더욱더 어렵다. 여러 가지 상황이 있으니 일반화할 수야 없겠으나, 어차피 당신이 1퍼센트라도 원해서 몸담고 있는 조직이라면 이래저래 꾹 참고 이 조직에서 **돋보일 궁리를 가열차게** 해보는 것은 어떨까.

나 또한 회사 들어가서 소위 말하는 1,3,5,7 법칙, 그러니까 입사 후 홀수 해를 거듭하면서 '그만둘까'의 욕망을 느끼는 그 증후군을 앓았다. 그렇게 들어가고 싶은 광고회사였는데, 1년이 지나도 여전히 나는 입에서 단내나게 회의를 하는 게 다인 것처럼 느껴졌고, 출퇴근도 열악함 그 자체였다. 더구나, 자동차회사를 비롯해 비교적 '큰(보수적이라는 뜻)' 광고주 담당이어서 통통 튀는 아이디어를 내고 싶은 욕구도 전혀 채워지지 못했다.

고민을 거듭하다가 지금도 꽤나 친하게 지내는 카피라이터 선배에게 "그만둘까요?" 하고 이야기를 꺼냈더니, 그는 소위 '빅픽처'를 이야기하며 나의 사고방식을 바꿔주었다. 놀고도 싶고 뭔가 재미진 것도 하고 싶고 야근도 안 하고 싶겠지만, 언제고 그만두어도 좋은데, 회사 생활을 회사 생활보다는 **커리어 관리라고 생각하라**는 이야기였다. 회사를 위해 일한다고 생각하면 한없이 열받지만, 회사 생활은 일종의 '개인사업자'로서 **경력 관리를 하는** 과정이며, 프리랜서로 경력을 관리하는 것보다는 회사라는 틀이 있어서 나 대신 클라이언트도 물어와 주고, 월급도 주고, 가끔 밥도 사주는 등 생각해보면 참 상당한 것들을 주고 있지 않냐는 것이었다. 나는 경력을 관리하고 그런 것들을 받는 대신 일을 해주고 있는 건데, 생각해보면 딱히 **손해볼 것도 없는 장사**라는 얘기였다. 물론, 내 것을 온전히 챙겨서 '나가도 되겠네'라는 생각이 드는 순간은 아주 '스윽' 다가올 것이라고 말이다. '개인사업자'로서 그 순간까지 기다려도 나쁠 것 없다면서 말이다.

이제는 나 역시 후배들에게 똑같은 조언을 하곤 한다. 정답은 없지만, 일단은 좀 참아보라고, 그리고 회사가 너를 이용하는 것이 아니라, 네가 빅픽처를 그릴 때 **회사가 너를 약간 도와주고 있는 거라고**. 생각을 이렇게 바꾸면 야근에 박봉에 열받는 회사 사람들이 변하는 것이 아니라, 당신의 마음과 자세가 바뀌게 된다. 다른 모든 것들을 바꾸는 것보다 내 생각을 바꾸는 것이 만분의 일은 쉽지 않겠는가. 한번 곰곰 생각해보라.

우리나라에서 YOLO는
그냥 돈 쓰라는 것

요즘 우리나라에 부는 욜로 열풍은 결국에는 '자기지향적 소비'와 관련된 것이 대부분이다. 다시 말하면, 인터넷에서 욜로를 검색했을 때 가장 많이 연관어 등으로 딸려 나오는 것이 소비(Consumption), 그 중에서도 바로 '나'를 위한 배타적 소비 행위라는 것이다. 물론 그것이 욜로의 중요한 영역일 수도 있겠으나, 가만히 생각해보면 욜로의 대박을 너무나 반기는 것은 기업들이다. 각종 상품을 홍보하는 문구에는 "인생은 한 번!" "소중한 나를 위해"라고 포장되어 있지만 솔직히 말하면 "빨리 돈을 써라. 당신의 형편이 어떻든 우린 알 바 아니고 빨리빨리 우리 상품을 질러라!"라는 의미가 아닐까 하는 것이다. 일부 상품의 경우 상품 이름 앞에 아예 욜로가 붙어 있기도 하다. 욜로 레스토랑, 욜로 여행 패키지 등으로 말이다. 분별할 필요가 있다. 욜로는 가끔 잊는 중요한 사실, 즉 인생은 한 번임을 스스로 되새기며 현재에 충실하자는 것 아닌가? 그게 꼭 돈쓰고 소비하고 좋은 거 먹고 그게 끝인가? 스스로 착각하고 있는 것은 아닌지 되돌아볼 때다.

N분의 1
이 얼마나 아름다운가

치사하고 각박하다고? 우리가 그럴 사이냐고? 그러면 님께서 주야장천 내든가. 선배니까 사야지 어떡하냐고? 그러면 괴로워하지 말든가. 서로가 힘든 시대, 청년들이 특히 힘든 시대. 쓰린 속마음 가리려 해도 결국은 드러난다. 서로 얼마나 괴로운 시츄에이션인가. 사정은 각자가 가장 잘 알 것이니 제발 편하게, 합리적으로, 괴로워하지 말고 그렇게 쫌 내고 받기를 바란다. 깔끔해야 자주 볼 수 있지 않은가. 선배들도 용가리통뼈 아니다. 돈 아쉬운 건 누구나 똑같다.

가장 맛있는 고기는 무엇일까? 한우도 아니고 투뿔, 쓰리뿔도 아니다. 세상에서 가장 맛있는 고기는 바로 '남이 사는 고기'다. 아니 더 정확하게 말하면, 고기를 굽고 먹는 순간에 이미 오늘 '쏠' 사람이 정해져 있어서 부담 없이 불판에 올리는 그 고기들은 도대체 얼마나 부드럽냔 말이다.

항상 너무나 여유가 넘쳐서 "오늘도 내가 살게"라는 말이 하늘을 우러러 일말의 스트레스 없이 나오는 사람들의 모임이라면 모를까, 그렇지 않다면 그냥 웬만한 자리는 예외 없이 더치페이를 미덕으로 하면 어떨까 싶다. 취업 지옥이다 '부모 세대보다 여유가 없는 최초의 세대'라고 불리는 요즘 청년들 중심으로는 이런 **더치 문화가** 퍼졌으면 좋겠다. 물론 나를 포함한 중년들도 예외는 아니다. 세상 만만하지 않은 것은 정도의 차이는 있을지언정 비슷할 테니 말이다.

나는 미국에서 3년간 직장생활을 했다. 대학교에 근무했지만, 더치페이의 썰렁함과 의외의 장점을 동시에 경험할 기회가 많았다. 한국에서 직장생활을 하던 시절, 나의 직속 상사이거나 부서장, 연차의 갭이 좀 있는 선배들과 식사나 여흥을 즐기던 시간을 곱씹어보자면, 아마도 단 한 번의 예외 없이 내가 계산을 한 적은 없는 것 같다. 아니, 더 정확하게는 소위 '아랫사람'이었던 나의 임무는 후다닥 뛰어가서 비용이 모두 얼마인지 '계산만' 했고, 정작 지불은 연장자 혹은 가장 높은 직급께서 하셨다는 말이다.

하지만 미국에서 그런 일은 정말 흔치 않았다. 학장부터 선배 교수들 모두 어울리며 화기애애 시간을 보냈지만, 마치는 시간이 되면 약속이나 한 듯 각자의 지불 수단으로 각자가 소비한 알코올 등을 계산하고 헤어진다. 글쎄, 만약 이 같은 더치페이 상황이 한국에서 벌어졌다면, 통상 '윗분'들은 돈은 안 내셨다 해도 왠지 모르게 찜찜해하셨을 것 같고, 아래 직급의 사람들은 딱히 논리도 없이 (자기들이 먹어놓고 누가 대신 돈을 내기를 바란단 말인가?) 투덜투덜하며 집에 갔을 듯하다. 결국, 즐거운 시간 후에 양쪽 모두 뭔지 모를 헛헛함으로 귀가했을 가능성이 높아 보인다.

미국에서의 직장생활, 동료와의 더치페이 생활이 3년 정도 이어졌을 때 나는 그동안 느끼지 못했던 **더치페이의 가치**(Value)를 알게 되었다. 정리하자면 두 가지다. 첫 번째는, 만남에 대한 부담이 상대적으로 덜해졌다. 어차피 사람들과의 만남에 비용이 빠질 수는 없고, 그렇다면 내가 쏘거나 혹은 남의 경제력에 기대기 중 하나인데, 가만 생각해보면 결국 언젠가는 부담이 될 수밖에 없는 구조였다. 하지만 어차피 나에게 필요한 비용을 내가 부담해야 한다는 확실성이 가정될 경우, 부담이라는 변수는 크게 낮아진다.

또 한 가지는 '**돈**'을 쓰는 데 있어 **수평적인 구조**가 형성된다는 것은, 어찌 보면 심리적이고 미묘한 갑을문화의 소비 자체를 막는 역할도 하지 않을까 생각하게 된 것이다. 물론 더치페이를 한다고 해서 동석한 상사에게 예의 없이 행동하는 사람이 있을까마는, 무의식중에 설명하기 힘든 당당함이 획득될 수 있지 않을까 하는 생각이다. 글쎄, 판단은 당신의 몫이다. 아무튼, 더치페이가 우리 문화에 익숙하지 않다고 해서 장점까지 가릴 필요는 뭐 있겠나 싶다. 당당하게 더치페이, 일단 한번 도전해보시라!

WS. 33

공무원?
그냥
남 얘긴가부다 해라

예나 지금이나, 모두가 우르르 몰려가는 곳에 진짜 정답이 있던가? 정말로 그렇게 공무원이 하고 싶으면 몰라도, 그렇지 않으면 오늘부로 과감하게 접고 툭툭 털어라. 합격률도 장난 아니고, 더 중요하게는 본인도 마음속으로 사실 나는 공무원 스타일은 아니라고 말하고 있지 않냐 말이다. 공부한다고 가족들이나 주변 사람들, 그리고 자신을 속이는 것도 그만둘 때가 됐다. 스스로 솔직해지지 않으면, 세상이 언젠가 당신을 한방 크게 속일 수도 있다.

하고 싶은데도, 절대로 공무원 되기를 시도하지 말라는 말이 아니다. 사실은 딱히 이유도 없고, 뾰족하게 가능성이 있다고 생각되지도 않는데 어영부영 **멘탈 나간 채로 그냥 덤덤히 붙잡고 있지는 말라**는 것이다.

언젠가 방송에서 들었던 정말로 위험천만한 인터뷰가 기억난다. 고시원에 살면서 공무원시험을 준비한다는 청년인데, 대충 다음과 같은 스토리였다.

"사실 여기 있는 애들 중에 공무원에 별 뜻도 없고, 가능성 없는 것도 스스로 알고 있는 애들 많아요. 그게 뭐랄까, 변명이 되거든요. 유예 기간이랄까 그것도 되구요. '공무원 준비한다, 공시족이다'라고 하면 일단 가능성은 있어 보이니까 말이죠. 부모님한테나 누구한테나……. 참 문제 같아요."

한마디로 정리해 보자면, 결국 '신념도 없이, 의지도 없이, 영혼도 없이' 그곳에 그냥 머물고 있는 친구들이 꽤나 많다는 뜻이다. "공무원이 꼭 되고 싶다, 돼야만 한다, 될 수 있다, 될 것 같다"가 아니라, 달리 하고 싶은 일도 없고 그렇다고 해서 다른 일을 도모할 수도 없기에, 그저 공무원 준비생을 자처하고 있는 사람이 상당할 수도 있다는 것이다.

무서웠다. 그리고는 다시 "**공무원 준비생 50만 명, 사실상 합격률은 5%도 안 돼**"라는 헤드라인의 기사가 떠올랐다. 더 무서워졌다. "공시족인 것처럼" 생활하고 행동하는 친구들이 어느 것 하나 확실하지 않은 몇몇 학원가에서 '시간을 보내고' 있는 현실이 먹먹했다. 오늘 만약 이 글을 읽는 사람 가운데 본인이 거기 해당된다거나, 아니면 그런 친구를 알고 있다면, 제발 짧고 굵게 "와이낫?"을 던져 주기 바란다. "이대로는 안 돼!"라며 말이다. **자기진단이 필요할 때다.**

자신과의 갈등과 충돌 없이 내적인 평화를 얻을 수 있을까? 별 생각 없이 공무원을 떠올리며 자의반 타의반 어중이떠중이 공시족으로 살아가는 동안, 당신의 '뭔지 모르지만 어쩌면 엄청 근사할' 기회는 쪼그라들고 있다.

나는 이 세상에 던져진 모든 사람은 무언가 의미 있는 일을 부여받았다는 믿음을 가지고 있다. 이런저런 이유로 인해, 그런 생각을 할수 없었고, 세상 또한 그런 생각을 하게 놔두지 않았을 수도 있다. 부모들도 한몫 진하게 했을 가능성도 있다. 나는 별 다른 근거와 논리없이 괜히 기분 좋으라고 "당신의 가능성을 시험해봐라!" "꿈을 크게가져라!" 등의 말은 하고 싶지 않다. 동시에 한 번 만나보지도 못한 당신의 가능성을 폄하하고 싶은 생각도 없다. 그저 **객관적으로 생각해보자**는 것이다. 건실한 중소기업에서 나름의 성실함과 자신도 미처 몰랐던 세일즈 능력을 인정받아 중역이 되는 기회를 날려버릴 수도 있고, 이래저래 돈을 꽁꽁 모아 힘든 상태지만 혹하고 유학길에 올라 수년 후 미국 혹은 어딘가에서 외국인 교수가 될 수 있는 가능성도 없어지는 것이며, 장난치고 노는 일에 그렇게 죽이 잘 맞던 친구들이 의기투합하여 놀라운 트렌디 바를 경영할 기회도 없애버리는 것이다. 참고 있을 텐가? 그렇게 주인의식을 버린 무책임한 상태에서 떠도는 공시족으로서의 삶을? 이거 진짜 옳은가?

합격률 5% 미만,
공무원 '꿈'을 꾸는 50만

계산 방법에 따라 통계가 달라질 수 있겠지만, 응시인원을 기준으로 특채 지원자, 경찰과 교원 지원자까지 합치면 우리나라 공시생은 약 50만 2,800명 가량 된다고 한다(서울신문 2018년 8월 7일자). 물론 정확히 짚어내기는 어려운 현실이다. 다양한 직군에 중복 지원하는 지원자도 많고, 일정 시간 아르바이트 등을 하면서 경제활동 인구로 분류되는 경우 등 많은 변수가 있기 때문이다. 한 연구에 의하면 공시생들은 대부분 하루 8시간 이상을 공부에 투자하고 있으며, 스스로도 합격까지 소요되는 평균 시간을 2년 이상으로 답했다고 한다. 모두가 합격을 바라지만, 최종 합격률은 놀라울 만큼 낮다. 이 또한 셈법은 다양하겠지만, 공시생으로 간주되는 지원자의 5%가 채 안 되는 인원만이 소위 합격의 기쁨을 누린다고 한다. 100명 가운데 5명도 안 된다는 이야기다. 9급 공무원의 경우엔 더욱 심해서 2%대란다. 나머지, 자의반 타의반으로 돌아서야 하는 95%는 어떡해야 할까? 어디에 있을까?

WS. 34

4차 산업혁명이 뭐?
그래서 뭐?

(뉴)밀레니엄, 2.0과 3.0, 창조 OO, 3차 산업혁명 등등으로 세상이 소란할 때도 그냥저냥 지내지 않았는가? 이번이라고 뭐 별달리 당신과 나의 인생에 메가톤급 임팩트와 연관성이 있을는지? 솔직히 잘 모르겠다. 핵심 콘셉트를 파악하는 것은 중요할 테지만, 더욱 중요한 건 당신의 앞날에 4차 뭐시기가 도대체 어떤 변수가 될 것인지를 현명하게 생각해보는 것이다. 잘 모르겠고, 일도 바쁘고 그러면 그냥 지금 하던 일 죽어라 하자. 누가 아나, 그게 4차 산업혁명의 핵심일지.

해마다, 아니 조금 과장하면 거의 분기마다 뭔가 새로운 것처럼 들려오는 '매우 중요해 보이는' 콘셉트와 분야들이 사회 전체에 회자되고 사람들은 약속이나 한 듯 그때마다 열광한다. 그런 개념들이 히트할 때마다 사회 전체가, 특히 뭐든지 좀 제대로 잡아보려는 안타까운 다수의 청년들이 **휘둘리는 세태**가 그다지 건강해 보이지만은 않는다. 쉽게 말하기가 참으로 쉽지 않지만, 예를 들면 빅데이터, 코딩, 창조경제, 4차 산업혁명, 융합 등등 그런 걸출한 패러다임들 말이다.

제발, 부디 오해하지 말기를 바란다. 나는 앞에서 이야기한 사안들에 대해 단 1도 폄하할 이유도 없고, 그러고 싶은 마음도 전혀 없다. 하지만 일정 부분 딴죽은 걸어야 하겠기에 운을 떼는 것이다.

수업 시간, 혹은 연구실로 찾아오는 학생 중 상당수가 TV를 비롯해 여러 강의실, 아니 사회 곳곳에서 "OO을 반드시 배워야만 한다, 그렇지 않으면 빠르게 뒤처진다" "OO은 말하자면 21세기의 원유다, OOO만이 답이다" "OOO를 제대로 이해하지 못하면 경쟁에서 밀려난다" 등등의 말을 귀에 못이 박힐 정도로 듣고 있으며, 매우 두렵다고 한다. 개별 개념들이 포괄하는 그 엄연한 중요성과는 상관없이, 지배적인 **트렌드에서 소외될 수 있다는 막연한 두려움**에 청년들이 휘둘리고 있음을 감지할 수 있다.

사실 나는 아직도 잘 모르겠다. 특히나 언론 등을 통해 미래에 대해 저토록 단정적으로 발언하는 소위 전문가들의 예지력에 대해 전적인 공감을 하기도 어렵다. 어떻게 향후 빅데이터와 코딩을 모르면 모든 청년들이 그들의 특성과 기호와 흥미에 관계없이 '잘못 살거나, 헛살거나 뒤처지게 되는' 인생으로 귀결된다는 것인지 말이다. 매년 우리 사회를 몰아치는 이 같은 걸출한 개념들, 사실 한참을 들어도 명확하게 잡히지 않는 일련의 화두들은 거의 예외 없이 각종 서적과 강의, TV 토론회 등으로 이어지는 패턴을 보인다. 일부 대학에서는 학교 기구의 명칭, 과목 이름 등에도 매우 활발하게 사용하는 경우도 볼 수 있다. 특정 개념이 유행의 고조에 이르는 시점에는, 어떤 연사의 강의 주제가 무엇이든 해당 개념들을 마치 간판처럼 엮어서 써야만 모두가 만족해하는 분위기가 연출되는 난감한 상황이 벌어지기도 한다.

나에게는 빅데이터 개념의 급속한 유행이 다소 당혹스러웠던 경험이 있다. 이제 더 이상 소규모의 데이터를 통해 사람들의 마음과 욕구를 정확하게 파악하지 못한다는 것은 나를 포함한 연구자들에게는 **너무나 당연한 패러다임**이었고, 우리가 모두 처리할 수 없을 정도로 수많은 데이터들이 시시각각으로 생산되고 있는 환경도 닥친 지 이미 오래다. 따라서 축적되는 데이터들을 그동안과는 다른 방식으로 분석하고 재해석해서 중요한 시사점을 끄집어내야 한다는 것은 어찌 보면 너무나 자연스러운 순리였던 것이다.

하지만 그것이 '빅데이터'라는 열렬한 용어로 **레이블링**(Labeling)이 되고 나자, 마치 그것이 기존에는 아무도 생각지 못했던 전혀 새로운 장르의 공부요 분야, 학문이 된 것처럼 회자되기 시작했던 것이다. 다수의 사람들이 빅데이터를 전혀 새로운 것으로 인식하기도 했고, 대충만 봐도 시류에 편승하여 대충 짜깁기한 책들을 사서 '공부'하기 시작했던 것이다.

사회에서 중요하다고 소문난 개념들을 아예 무시하라는 뜻이 아니다. 분별하여 판단하고, 헷갈리면 주변의 선배나 교수 등등 알 만한 사람을 이용해서 과연 **자신에게 얼마나 필요한 사항인지 판단하고 선별적으로 에너지를 쏟으라는** 것이다. 찬찬히 듣고 보니 본인의 흥미와 선호가 결여되어 있기도 하고, 딱히 해봐야겠다는 욕망도 끌어 오르지 않는데, 그저 '남들이 다 하니까' '여기저기서 중요하다고 하니까' 왠지 이걸 안 하면 '뒤처질 것 같으니까' 하는 것은 정말 개인에게나 사회에게나 예의가 아니다 싶다. 물론, 자신이 해야 하고 하고 싶은 일을 하다가 도리어 거꾸로 빅데이터나 4차 산업의 알맹이와 조우할 가능성은 매우 높다. 이런 개념들은 사회 전반에 모두 미쳐 있으니까 말이다. 그런 순간이 오면 그때 조금 더 공부하고 이해하고 자신의 분야에 적용하면 되는 것이다.

부탁이다. '개념'만을 이해하려고 버둥대며 노력하지 마라. 그건 바른 방식이 아니다. 영국에서 산업혁명이 일어났을 때, 영국 사람들은 "우린 산업혁명 시대에 살고 있어!"라고 인지하며 살아갔을까. 글쎄, 잘 모르겠다.

지배적인 트렌드에 휘둘리지 말자.

4차 산업명과 함께
'없어진다고 소문난' 직업들

나는 온전히 그 말을 믿지는 못하겠다. 뭐 나름 데이터가 있어서 반박하며 그렇지 않다고 주장할 능력은 없으나 실은 그동안 이런 방식의 예측들을 몇 차례 경험했기 때문이다. 밀레니엄 시대, 즉 2000년에 진입하는 시점에 '없어질 직업들'이라고 적혀 있던 다수의 직업들이 여전히 남아 있기 때문이기도 하다. 인터넷이 핵심 미디어로 부상하던 시절, 이제 신문을 비롯한 인쇄매체는 골동품이 될 것이라며 폄하하던 사람들은 다 어디 있는가. 아시다시피 여전히 인쇄매체는 다소 작아졌지만, 사라지지 않았다. 그리고 강력하다. 개인적인 생각으로는 4차 산업혁명이 본격화되면 뜨는 직업이라고 한없이 부풀 이유도 그다지 없고, 사라진다고 누군가 설레발 쳐놓은 예측 때문에 풀이 죽거나 전직을 생각할 이유는 더욱더 없다 싶다. 그렇게 예측이 쉬우면, 그게 그들이 말하는 것처럼 미래 최고의 먹거리인 4차 산업혁명이겠는가? 그저 지금 하고 있는 일에 최선을 다하면 되지 않을까?

WS. 35

준비됐나?
그럼 질러!

어쭙잖게 깨작깨작 저지르다 실패하면 세상은 당신의 도전을 '객기'라고 부를 것이다. 이래저래 오해도 할 것이다. 당신의 도전은 철저한 준비와 목표의 명확함, 앞뒤 안 가리는 추진력이 함께해야만 한다. 확신이 없으면 무대에 올라갈 생각도 말고, 느낌이 와서 한 판 벌이겠다면 오지게 대차게 크게 밀어 붙여라. 남들이 보면 저지른 것, 당신은 그저 계획했던 바를 냉철하게 추진한 것이다. 당신을 응원한다.

야구로 말하자면, 전략과 전술은 논외로 하고, 홈런이나 시원한 안타를 계획하며 타석에 들어서라는 의미가 되겠다. 물론 상대방의 실책이나 애매한 스폿으로 타구가 굴러가거나 떨어져서 '행운의' 안타 혹은 진루타가 될 가능성도 없지는 않겠지만 최소한 자신이 아직은 젊다! 라는 믿음이 있다면 **좀 크게 질러버릴 마음**을 가져라. 어른들이나 형님들에게는 한없이 외람되지만, 내 나이대만 되어도 저지르는 일은 이상적으로나 현실적으로나 모두 난감할 따름이다. 나이는 숫자에 불과하다는 것은 결국 광고에서만 가능했던 게 아닌가 싶은 게 솔직한 심정이다. 혹시라도 결정적 실패가 아니라면 웬만큼 회복이 가능한 때, 그때는 바로 당신의 '지금'이며 그 황금기는 엄청 빨리 지나가 버린다. 기회는 누리지 않으면 내 것이 아니다.

어차피 꼰대 스타일로 이야기했으니 조금 더 잔소리를 하자면, 크게 저지른다는 것과 무모함은 아예 다른 차원임도 알아야 한다. 진짜로 대박 크게 판을 벌이기 위해서는 **괴롭고 힘든 준비와 계획의 시간**이 선행되어야만 한다. 대박의 달콤함만 머릿속에 빙빙 돌아가는 청년들은 무모하다고 비판받으며 얼마 안 되는 기회를 박탈당하거나, 심각하게 무모하면 범법자가 될 가능성도 배제할 수 없다. 조심해야 한다. (저지르는 영역이 어느 분야이든 간에) 성공을 확신해야 하며, 행동에 대한 목적을 하루하루 명확하게 설정하고, 추진하는 과정이나 돌발 변수들에 대한 철저한 예측과 방안 등이 미리 서 있어야만 크게 저지르는 가치가 있다.

크게 저지른다는 것은, 여러 가지 기준에서 동일 선상에 있다고 간주되는 사람들이 그다지 많이 선택하지 않는 길이요 방법일 것이다. 이런 길일수록 성공 혹은 실패의 양상은 매우 극단적일 가능성도 높다. 대체로 **중간이 없는 경우**가 많다는 뜻이다. 예를 들어, 내가 근무하는 학교에서는 학생들의 창업을 지원하는 기구가 있다. 물론 가능성과 안정성 등을 학교에 자리한 각계의 전문가들이 면밀하게 판단하고 지원 여부를 결정한다. 지원의 규모와 기간, 세부사항에 제한은 많지만 청년들의 '사고'를 응원하는 수준으로서는 손색이 없다. 원하는 학생 모두에게는 아니겠지만, 가장 기본적이고 소중한 사무실 공간을 제공하는 사례도 있다.

내게도 회사를 차려보겠다고 조언을 구하러 찾아오는 친구들이 1년이면 서너 팀은 되는 것 같다. 나는 이들의 도전에 반대를 해본 적은 없다. 대부분 스타트업의 구체화, 성공률, 지속가능성 등은 낮아 보이지만 꿈을 꾸며 계획을 세우는 과정에서 수업 중 할 수 없는 경험을 하는 것은 분명해 보였다. 일단 회사, 즉 친목을 도모하는 동아리의 수준을 넘어서는, 태스크를 수행해야 하는 그룹의 멤버로 모일 경우 예외 없이 첨예한 갈등의 시간을 경험하게 된다. 너무나 당연하다. 더 이상 좋은 게 좋다는 무한긍정 마인드는 통하지 않기 때문이다. 친인척이나 친구들이 아닌 제3자인 불특정 고객들을 만족시켜서 수익을 만들어 내야 하고, 이전에는 보이지도 않던 경쟁자들과 혈압 오르는 싸움도 매일매일 해야 하기 때문이다. 싸우고, 갈등하고, 주장하고, 소리도 지르고 그러다가 아주 일부는 성공을 거두고 기뻐하지만, 상당수는 스타트업이라는 저지름의 추억을 남기며 다른 길을 모색하게 된다.

하지만 그들의 시간이 전부 헛되었을까? 결코 그렇지가 않다. 크게 저지를 수 있는 분야가 어디 스타트업뿐이겠는가. 회사를 차리든, 여행을 하든, 해외연수를 나가든, 역사에 남을 연애를 하든 간에 일단 상상할 수 있는 **최대치의 스케일로 계획을 세워보라.** 물론 위법, 탈법, 상해 등등 극단적인 결말이 걱정되면 수위조절이 필요하다. 계획의 철저함이 필요한 대목이겠다. 물론 저지름에는 퇴로도 필요하다. 그것도 작전의 일부이니까 말이다. 손자병법에 무조건 싸우라는 조언만 있었던 것은 아니라는 것을 기억하기 바란다.

평생 아르바이트?
다음 스텝이 있어야
더 아름답다

아르바이트로만 살겠다고, 최저임금도 올랐는데 가능할 것 같다고, 자유로운 영혼이라고 힘주어 말하는 청년과 마주쳤다. 취업과 진로가 얼마나 퍽퍽한 시대인지 알고 있기에, 충고도 할 수 없어 웃어 주기만 했다. 솔직하지 못한 어른이었다. 다시 만나면, 그래도 그걸로 만족하지는 말라고, 너무 오래 그러지는 않았으면 좋겠다고, 뭐든 다음 스텝을 그려보라고 말해 주고 싶다. 많은 프리타들의 후회를 본 적이 있다.

직업에 귀천은 없다. 가치 판단을 하는 것도 주제 넘는다. 하지만 현실은 현실이다. 딱히 하고 싶은 것이 없고, 열정도 없이 그저 정부에서 올려준 시급에만 행복해하거나 만족하면서 그렇게 시간을 보내지 말라는 부탁을 하는 거다. 부모든 나 같은 선생이든 미래의 계획이나 노림수에 대해서 물으면 발끈하면서 "왜 안 돼요? 아르바이트하면서 사는데요?"라는 대답으로 받아치는 친구들이 종종 있다. 그래 맞다. 안 될 이유는 없다. 매우 존중하고 인정한다. 하지만 아르바이트는 말 그대로 아르바이트 아닌가?

아르바이트는 영어로 말하자면 Part time Job이다. 그것은 매우 현실적으로 당신이 너무나 어렵고 확률도 적고 우리를 둘러싼 경제상황과 고용환경이 녹록치 않지만 숙명처럼 헤쳐 나가기 위해 거치는 과도기적 잡(Job)이라는 얘기다.

나도 참 많은 아르바이트를 경험했다. 그때마다 미친 듯이 열심히 해서 뒷날 풀타임잡을 위한 밑거름을 만들었다고 뻥을 칠 수야 없겠지만, 전반적으로 매우 열심히했다. 오래 할 생각이 아니었을 때도 일에 임하는 마음은 열심히 하다가 가야지 하는 열의로 가득했다. 그게 편했다. 그중 하나를 떠올려보자면, 나이트클럽의 웨이터를 꽤 오래 했다.

내가 대학을 다니던 시절에는 클럽보다는 '나이트클럽'이 대세였다. 군대를 가기 위해 휴학을 한 나는, 예전부터 나이트클럽에서 '댄싱 DJ'로 일한다던 고등학교 친구를 찾아 모 나이트클럽으로 향했다. 하지만 그 친구는 아직 출근 전이었고, 그를 기다리던 나에게 지배인으로 보이던 형님(?)이 "뭐 하나, 자네?"라고 물어 왔다. 군대를 갈 예정이고, 몇 개월 남았다고 말한 순간, 다짜고짜 플로어를 청소하던 직원에게 "야, 얘 옷 좀 입혀봐라~"라고 말하는 것이 아닌가! 결론부터 말하자면 나는 그날 밤부터 시내 중심가 나이트클럽의 웨이터가 되었다. 얼떨결에 시작했고, 나비넥타이도 난생 처음이었지만, 그리고 어머니에게는 솔직하게 말하지도 못했지만, 나는 나름 열심히 했다. 일하다 보니 재미도 있었고, 생각보다 수입도 짭짤했다.

5개월쯤 지났을 때, 그 지배인 형님은 나에게 혹시 '이름표' 달고 본격적으로 웨이터를 해보지 않겠냐는 영광스런 제안을 해주셨다. 예를 들면 '박찬호'나 '부킹천재' 뭐, 그런 명찰을 달고 풀타임으로 뛰어보라는 것이었다. 그 분은 "네가 한 번도 지각을 안 해서 이런 기회를 주는 거야!"라고 얘기하며 진상 손님들을 단골로 만든 케이스들을 '매우' 칭찬했다. 다만 과일안주 등을 내가는 스피드에 대해서는 연습이 필요하다고 덧붙였다. 보스의 말이었고, 그 일 덕에 돈도 꽤 모이고 있어서 욕심은 '잠시' 생겼지만, 나는 "감사합니다!" 한마디로 상황을 정리하고 예정대로 군대에 갔다.

　그 이후 나는 그게 어떤 일이든 나에게 주어진 사항에 대해서는 **덮어놓고 열심히 하는 태도**를 갖게 되었다. 세상에 의미 없는 일은 단 하나도 없다는 생각을 하며 말이다. 아르바이트, 프리타, 시급 모두 의미 있고 중요하다. 최선을 다해야 하는 직업윤리도 공히 적용되어야 한다. 하지만 열심히 하는 와중에 다음 스텝도 진지하게 고민하시길! 꼰대의 부탁이다.

부모님 때문이라고?
어차피 인생 각자 사는 거다

엄마 실망시키기 싫어서 하고 싶은 거, 잘할 수 있는 거 포기했단다. 아빠가 불안하다며 유학을 반대했다고, 그런 걸 추억이라며 웃고 앉아 있는 사람도 봤다. 부모님이 회의 끝에 찍어준 전공이었다며 씁쓸해 하는 친구도 꽤 많았다. 자식이 부모를, 부모가 자식을 사랑하는 것은 세상 무엇보다 당연하고 고귀한 일. 하지만 사랑 때문에 눈치보고, 갈등하고, 할 일 못하거나 안 해서야 되겠나. 스무 살이 넘었는가? 이거다 싶은 일도 생겼고, 잘할 것도 같은가? 의논은 해도 결정은 제발 스스로 해라. 살면서 몇 번은 불효해도 괜찮다. 맘 상하게 해드려도 오케이다. 세상에서 가장 만만한 게 부모 아닌가.

"독한 놈이다, 니. 독하게 공부해라, 알았나~" 유학을 떠나던 날, 일흔이 넘은 노모가 공항에서 내게 던진 말이다. 15년도 더 된 기억이지만 아직도 그때를 떠올리면 가슴이 먹먹해진다. 유학을 결정한 다음, 어머니께 더듬더듬 말씀드렸고 "꼭 가야긋나?"라는 물음에 그러고 싶다고 대답했다. 어머니와 내가 나의 유학 결정에 대해 나눈 대화는, 아마 그게 처음이자 끝이 아니었나 싶다. 이후 유학 준비하는 동안 가끔 혀를 끌끌 차면서 "좋은 직장 다 버리고 간다이……. 나는 그기 맞는 긴지 잘 모르겠다~" 번번이 당신은 아직도 잘 모르겠다며 비아냥 거리셨지만, 그건 그냥 농담이 반쯤 들어가 있는 멘트였다. 아니, 내가 그렇게 믿고 싶었던 것일지도 모르겠다.

홀쩍 유학을 떠나기에 썩 좋은 상황은 아니었다. 일단 가족이 없었다. 아버지는 일찍 돌아가셨고, 어머니와 나, 달랑 둘뿐이었다는 말이다. 형이 있었지만, 그는 이미 캐나다에 이민을 가 있는 상태였다. 어머니가 건강한 편이시기는 했지만, 그래도 벌써 일흔을 넘긴 나이였다. 경제적으로도 넉넉지 않아서, 유학을 시작하기 위해서는 나의 예금을 고스란히 털어넣어야 했다. 지금 와서 생각해보면, 별 다른 수입이 없었던 어머니는 도대체 어떻게 살라고 홀쩍 떠나버렸을까 싶어 아찔하다. 하지만, 그럼에도 불구하고, 그때는 그게 '최소한 나에게는' 맞는 것 같았다. 원하던 광고회사에는 들어갔지만, 더 늦기 전에 외국, 특히 미국에서 공부를 하고 싶다고, 왠지 그래야 내가 앞으로 사는 데 결정적인 후회가 없을 것이라는 참 황당한 확신이 있었던 것이다.

요즘도 어머니와 가끔 내가 유학을 떠나던 2002년, 그리고 그 후로 한참 미국에 머물던 그 시간들에 대해 이야기를 나눈다. 어머니는 물론, 그 시간들 동안 본인이 '얼매나' 힘들었으며, 너는 참 못돼처묵은 자식이었다는 얘기를 하며 웃으신다. "좀 말리지 그랬어?"라고 받아치는 나에게, 어머니는 **"어차피 인생 각자 사는 긴데, 뭐"**라고 하며 또 웃으신다. 어찌 들으면 부모자식 간 대화가 아닌 것 같기도 하고, 야박하거나 차갑게 들릴 수도 있지만, 역설적으로 나는 그 말이 그렇게 고맙고 눈물겹다. 기회가 있다면 훗날 나의 자식에게도 저래야지 하는 생각도 하곤 한다.

서른이 넘어 떠난 유학에서 나는 어머니 말씀대로 **독하게 공부**를 하기는 했다. 하고 싶은 공부를 꼭, 그것도 당장 해야겠다는 욕망 때문에 홀어머니를 남겨두고 달려온 죄책감도 한몫은 했을 것이고 또 하나, 미안한 마음을 보답할 수 있는 길은 그저 여기서 빈둥대지 않고 예습복습 철저히 하는 일이라고 믿었던 것 같다. 다른 유학생들이 향수병을 핑계로 그렇게 챙겨보던 한국 영상들도 일부러 멀리했고, 1년 안에 자유로운 의사소통을 목표로 수업시간에도 엄청 나대며 안 되는 영어가 될 때까지 까불었다. 도서관에 거의 나만 앉는 자리도 생기게 되었고, 부지런함을 알아주는 고마운 교수님도 점점 늘어났다. 결과론이지만, 학위도 빨리 받았고, 미국에서 교수도 했으며, 지금은 우리나라에 돌아와 좋은 학생들과 함께 시간을 보내며 살고 있다.

그래서 당신의 인생은 모두 '해피'인가? 하고 묻는다면 솔직히 즉답은 어렵다. 안팎으로 건강을 잃으신 어머니는 요양원에 계시고, 나 또한 이래저래 행복하지 않은 부분도 많은 삶을 여전히 달리고 있는 중이다. 그때나 지금이나 어머니에게 너무나 죄송한 마음은 가득하지만, 그럼에도 불구하고 선택을 돌리고 싶은 생각은 없다. 나의 결정에, 어머니의 희생에, 그리고 지금 마주하고 있는 운명들에 대해 토를 달 생각은 없다. 어쩌면 어머니도 그러실 것이라고 믿고 싶은 건지도 모르겠다. 어머니, 건강하시길!

WS. 38

철들지 마라
관성에 물들면 끝이다

내 기억이 맞다면, 어떤 프로그램에선가 개그맨들끼리 영업비밀이라며 나눈 대화다. "야, 개그맨은 철들면 끝이야. 먹고살길이 없어져. 진지해지면 누가 널 찾냐?" 개그맨들이 웃으면서 나누는 이야기였지만, 그 말 속엔 엄청난 가르침과 뼈대가 있었다. 개그맨뿐만 아니라, 세상 웬만한 직업 다 해당되는 원리가 아닐까. 나는 종종 철없이 군다는 소리를 듣지만 그럴 때마다 내가 제대로 가고 있다는 생각에 혼자 빙그레 웃곤 한다.

'철이 든다'를 내 맘대로 확대 해석해 보자면, 특정 직업을 선택하고 우직하게 달리던 사람들이 예전의 초심(初心)을 잃고 행동한다는 의미로 읽힌다. 괜한 겉멋이 들거나, 지독한 타성에 젖거나, 신념이나 재미보다는 다양한 눈치에 의해 일한다거나 하는 방식으로 접어드는 시점, 바로 그 순간이 나쁜 의미로 '철이 드는' 때라는 것이다. 그래서 나는 필사적으로 철들기를 경계한다. 첫 마음이나 첫 열정 없이, 그 자리에 관성이나 고집만 남아 있다면, 나 자신에게나 주변에나 매우 불행한 일이다.

나는 '웬만하면' 지키려는 매일의 원칙이 있다. 평일 기준 '**나인 투 파이브**'가 그것이다. 죽는 날까지, 혹은 건강이 허락하는 그 순간까지 평일 약 아홉 시부터 오후 다섯 시까지는 무조건 '일'과 관련된 일을 하자는 것이다. 물론 원칙이 뭉개지는 다양한 변수들은 잔인하게 산재해 있다. 나로부터, 남으로부터, 상황으로부터 비롯되는 이유들도 제각각이다. 그렇게 셀 수 없는 변수들이 '나인 투 파이브' 원칙을 방해한다. 참으로 자주, 와장창 깨지는 것은 맞지만 (어쩌면 어쩔 수 없지만) 중요한 것은 '자체적으로' 스스로 알아서 그 원칙을 깨지는 않도록 필사의 노력을 다하며 산다.

'일'의 개념에 대한 나의 정의는, 나의 직업, 즉 '먹고사는 일'과 직간접으로 관련된 일들 전부다. 물론 범위는 넓고, 심지어 갈수록 넓어지고 있다. 학생들을 가르치거나, 머리를 쥐어짜며 논문을 쓰거나, 가끔 기관이나 기업에 자문활동을 하거나, 이런저런 책을 읽고 쓴다거나, 학생들의 이야길 들어주거나, 동료들과 회의를 하는 등 다양한 활동이 모두 포함된다.

이런 일들이 나는 마냥 즐거울까? 항상 신나는 작업들일까? 전혀 그렇지 않다. 즐거울 때보다 난감할 때가 훨~~~씬 많다. 하지만 이 직업을 시작할 때는 모두 장밋빛으로 보였고, 계속 그럴 줄 알았다. 하늘이 도우사 어쨌든 내가 원하던 직업을 갖게 되었고, 나는 항상 '**나쁜 쪽으로 철들지 않게**' 경계를 하는 편이다. 그런 작업들이 엄청나게 지겨워질 때도 있지만, 지겹다고 해서 안 하거나 대충하는 것은 쫌 치사해 보여서 대충의 루틴(Routine)을 만들어 지키려고 발광을 하고 있는 것이다.

쉽지는 않겠지만, 은퇴 하루 이틀 전날까지 이놈의 '나인 투 파이브'가 지켜지길 기도한다. 나의 마음도 건강도 상황도 모두 가능해야 하기에 말이다.

롱런의 끝판왕
송해 오빠와 이순재 형

배우 이순재 1935년생, MC 송해 1927년생. 이순재 연기경력 63년, 송해 데뷔 64년차. 하지만 그들은 여전히 TV 안팎에서 형, 오빠로 불린다. 그들 곁에는 항상 '감사'와 '존경'이 뒤따른다. 참으로 많은 아름다운 마음이 응축된, 엄청난 찬사인 것이다. 두 사람 모두 오직 한 길로만 달려온 엄청난 '경력자'이지만, 웬만한 독종 후배보다 더 지독한 연습파로 알려져 있다. 대사를 반복해서 외우고, 발성을 다듬고, 어떤 멘트를 해야 하나 남보다 일찍 나와 고민한단다. 그들의 롱런의 비결은 수백 가지도 넘겠지만 자신의 일을 좋아하고 팬들을 소중히 여기는 소박한 '초심'이 있기에 가능한 일이 아니었을까. 형님들, 존경합니다!

즐겨라
적(?)과의 동침

이상하게도 당신에게 까칠하고 비판하고 삐죽거리고 물론 그러면서도 자기 할 일은 다 하고, 뭐 이런 사람이 있는가? 그를 들여다보라. 어쩌면 그는 적이 아니라, 유일한 아군일 수 있으니 말이다. 유유상종은 언제나 즐겁고 편하지만 그 안에서 발전을 만들어내기란 쉬운 일이 아니다. 서로 다른 것이 부딪쳐 불꽃 튀는 순간을 경험하고 나면 절대 그 전과는 같아질 수 없다.

1,000만 영화 '보헤미안 랩소디'에서, 프레디 머큐리는 솔로 활동을 위해 밴드를 떠난다. 자신이 고용한, 오로지 자신만을 위해 일하는 스태프를 꾸려 제작을 진행한다. 결과는 좋지 않았고, 프레디는 결국 퀸의 멤버들에게 '부끄럽지만' 돌아오겠다고 선언한다. 왜 돌아왔냐는 멤버들에게 프레디는 허공을 응시하며 대충 이렇게 고백한다. "내가 고용한 스태프는 정말 내가 지시하는 대로 하더군. 근데 문제는 '내가 지시한 대로만' 한다는 거야. 니들처럼 사사건건 트집을 안 잡더라구⋯⋯." 결국, 딴죽도 걸고 지적질도 멈추지 않던 멤버들이 '적'으로 생각되어 떠났지만, 결국엔 '적'들이야말로, 혼자서는 절대 만들지 못하는 작품의 탄생에 기여한다는 사실을 인정하며 '컴백홈'한 것이다.

웬만해선 어울리기 힘들어 보이는, 아예 다른 사람들이 모였는데, 정말 재미있어 보이는 그룹이 있다. 박찬호 선수, 혜민 스님, 그리고 뻥 뚫리는 명강의로 유명한 김창옥 교수. 이 세 분은 꽤 친하다고 전해지며, 실제로 무슨 '모임'도 만들었다고 한다. 세 사람의 공통점은 무엇이고, 조직했다는 그 모임은 또 무엇일까?

들은 바에 의하면, 세 사람 모두 1973년생 동갑내기다. 물론 각자의 분야에 설명 자체가 무의미할 정도로 성공도 하고 대중적 인기도 상당한 사람들이다. 그런데, 이 사람들이 조직한 모임이 '한우회'란다. 이름 듣고는 나도 소스라치게 '깜놀'했다. 나에게 '한우'의 연관 검색어는 곧바로 침샘자극 뭐 그런 정도이고, 아름다운 글쓰기와 말하기로 유명한 혜민 스님은 육식을 하지 않는 대표적인 종교인에 속하는 분 아니던가. 그런데 그분이 상대적으로 세속적인(?) 두 사람과 만나서, 그것도 한우를 드신다고? 모임까지 만들어가며? 다행히, 실제로는 '한국에서 태어난 소띠 삼총사' 정도로 생각하면 된다고 해서, 안심하며 웃었다.

세 사람은 각각 이런저런 자리에서 서로 만남을 하면서 발생하는 시시콜콜한 재미들을 대중들에게 들려주기도 한다. '완전 다른' 세 사람이 모여 나누었다는 이야기들은, 내 개인적으로는 참 신선했다. 그 자체로도 곱씹을 만큼 재밌는 콘텐츠들이었던 것이다. 운동을 그만둔 후 살이 쪄서 고민을 한다는 전무후무 MLB 야구스타의 인간적 이야기도 꿀잼이었고, 본인의 적정 강의료에 대해 살짝 궁금해 했다는 청춘의 멘토 혜민 스님 에피소드도 재미나고 깊었다. 남들에겐 웃으며 살라고 고래고래 외치는 명강사가, 실제로는 꽤 긴 시간 우울증에 시달리기도 했다는 솔직함도 참 오래 가슴에 남았다.

얼마 전, 세 사람은 한데 모여 토크콘서트 형식의 이벤트도 진행한다는 이야기를 접했다. 아직 참석은 못 해봤지만, 온전히 다른 배경의 '한우' 3인이 모여 전하는 메시지들은 도대체 얼마나 융합적이면서 독특할지, 나도 꼭 방청 기회를 얻고 싶다.

나와 다른 사람, 얼핏 보면 영 나와 안 어울릴 것 같은 사람, 걸핏하면 지적질로 나를 피곤하게 만드는 사람이 적으로 여겨지는가. 뜻밖의 즐거움과 기회가 바로 거기 있을지도 모를 일이다. 특히 새로운 것, 혁신적인 방법을 찾는다면 나와 다른 색을 두려워하지 마라. 서로 다른 색이 만나야 새로운 색이 나오는 법이다.

레오나르도 다빈치
그리고 슈퍼스타 정약용

레오나르도 다빈치. 화가의 조수로 시작했지만, 이후 과학과 의학, 군사학, 기계학 등 '건드리지' 않은 분야가 없을 만큼 전방위적 역량을 뽐내며 수백 년이 지난 지금에도 손꼽히는 르네상스적인 인물. 모나리자의 미소를 만들기도 했지만, 비행기의 원리를 제안하기도 했고, 시체 수십 구를 직접 해부하며 기록으로 남기는 작업까지 해버린 놀라운 인물이다. 우리나라의 초특급 융합형 천재 정약용. 무려 500권이 넘는 기록물을 작성하며 웬만한 분야는 전부 건드리고 논의한 걸출한 인물이다. 건축, 광업, 기계, 철학, 정치, 경제, 윤리 도대체 다 늘어놓을 수 없을 정도로 광범위한 분야를 아우른 슈퍼스타다. 두 사람의 공통점? 병적인 메모광에 아이디어 뱅크였다고 한다. 전 생애에 걸쳐, 전 분야에 걸쳐 "이건 어떨까? 이러면 어떨까? 저건 왜 그러지? 이게 왜 안 될까? 방법은 없을까?" 등등 끊임없이 의심하고, 고민하고, 풀어보는 융복합적 사고를 한 것이다. 슈퍼스타여, 그대의 본질은 융복합이런가!

"Why Not?"

"Why Not?"

"Why Not?"

"Why Not?"

"Why Not?"

"Why Not?"

"Why Not?"

"WHY NOT?"